지금 살아 있는 사람만 펼쳐 볼 것! ---------▶

시끌벅적한 철학자들 죽음을 요리하다

토머스 캐스카트 · 대니얼 클라인 함께 지음 | 윤인숙 옮김

함께읽는책

| 일러두기 |

– 인명, 지명 등의 외래어 표기는 국립국어연구원에서 규정한 외래어 표기법을 따랐으나,
  이미 한국에 널리 알려진 표기가 있을 경우 이를 따랐습니다.
– 옮긴이 주는 작은 글자로 별색 처리하여 표기했고, 원서에 수록된 저자의 주는 책 말미에
  모아 실었습니다.

우리의 철학적 멘토인 우디 앨런에게
오늘 진정하게 와 닿는 그의 날카로운 현상학적 분석!

"자신의 죽음을 객관적으로 경험하면서 미치지 않기란 쉽지 않다."

떠들썩하고 소란스러운 철학자들이 일러 주는 죽음을 피하는 방법들

밀리는 남편 모리스를 데리고 병원에 갔다. 모리스를 진찰한 의사가 밀리를 조용한 방으로 불러 이렇게 말했다.

"부인, 모리스는 극도의 스트레스로 인한 심각한 질병으로 고통 받고 있습니다. 제가 이르는 대로 하지 않으면 남편께서 돌아가시게 될 겁니다. 매일 아침 남편에게 키스하며 부드럽게 깨우신 다음, 건강식으로 아침을 들게 하세요. 언제나 즐겁게 지내시고 남편의 기분을 항상 챙기세요. 그가 좋아하는 것만 들도록 식사를 준비하시고, 식사 뒤에는 휴식을 취하게 해 주세요. 집안 허드렛일 같은 건 아예 시키지도 마시고, 부인의 문제는 남편과 상의 하지도 마세요. 그랬다간 남편의 스트레스만 악화될 겁니다. 남편께서 부인을 비난하거나 놀리시더라도 절대 다투지 마십시오. 저녁에는 마사지를 해 주시고 느긋하게 쉴 수 있도록 하십시오. 부인이 좋아하는 TV프로그램을 못 보게 되더라도, 남편이 보고 싶어 하는 모든 스포츠 프로그램을 시청할 수 있도록 해 주세요. 그리고 특히 중요한 것은 저녁 식사 후 매일 저녁, 남편이 어떤 변덕을 부리더라도 맞춰 주세요. 부인께서 향후 6개월 동안 매일 이렇게 할 수 있다면, 모리스는 건강을 완전히 회복할 겁니다."

집으로 돌아오는 길, 모리스가 밀리에게 "의사가 뭐라고 했어?"라고 묻자 밀리가 대답했다. "당신 죽을 거래."

실례지만, 잠깐 시간 좀 내주시겠어요? 간단한 설문을 하려고 하는데 말이죠. 잠깐이면 되고 이름도 댈 필요가 없는 거니까, 괜찮죠? 질문은 바로 이겁니다.

당신이 죽을 거라고, 정말 그렇게 생각하세요? 진짜, 정말로? 언젠가 당신의 삶이 정말 끝나리라고?

천천히 생각해 보세요. 서두를 필요 없습니다. 자, 다만 흘러가는 매 순간은 바로 당신의 삶을 한순간씩 갉아먹는다는 사실을 기억하시길…….

당신도 우리처럼, 언젠가 당신의 삶에도 마지막 커튼이 내려질 거라는 걸 아마 전적으로 믿지는 않을 것이다. 일반적으로 우리는 죽음이라는 사실을 막연하게나마 이해하지만, 그것이 나에게 닥친다면 어떨까? 우리 모두 아마도 아르메니아계 미국 작가인 고_故 윌리엄 사로얀과 같을 것이다.

> "모든 사람은 죽기 마련이다. 그러나 나는, 내 경우에는 그것이 예외일 거
> 라고 믿었다."

죽음은 우리의 생각에서 완전히 떨어져나가지도 않는다. 우리가 죽을 운명이라는 생각을 누르면 누를수록, 마치 내려치면 다시 솟아오르는 게임 속 두더지 머리마냥, 자꾸만 더 그 생각이 떠오르곤 한다. 왜냐하면 죽음이란, 인간의 삶에 있어 불변하는 사실들 중의 하나이기 때문이다.

인간은 자신이 죽으리라는 것을 아는 유일한 피조물이요, 또한 영원히 사는 것을 상상해 볼 수 있는 유일한 피조물이기도 하다. 바로 이 점이 우리를 미치게 만든다. 죽음이 우리를 으르대며 지옥을 만들어 버리는 것이다. 확실한 이정표 없는 삶은—절벽 위에서만 빼고—아무런 의미도 없다. 바로 그렇기에, 죽을 수밖에 없는 인간의 운명은 철학의 근본적인 논제와 얽히게 된다.

삶이란 무슨 의미를 가지는가, 특히나 언젠가 끝날 삶이라면? 죽음을 의식하는 것이 우리 삶의 방식에 어떤 영향을 미칠까? 만약 우리가 영원히 산다면 삶에 근본적으로 다른 의미가 생길까? 천 년이나 이 천 년을 살고 나면, 존재의 권태에 굴복해 그 모든 걸 끝내길 갈망하게 될까?

우리에게 영혼이 있는 걸까? 만약 그렇다면 영혼은 우리의 육신이 사라진 뒤에도 살아남을까? 영혼은 무엇으로 이루어진 걸까? 당신의 영혼

이 내 것보다 나을까?

탄생과 죽음의 순환에 걸리지 않는 또 다른 차원의 시간이 존재할까? 항상 현재의 순간을 살며 또한 '영원히 사는' 것이 가능할까?

천국은 시간과 공간 속에 존재하는 곳인가? 그게 아니라면, 과연 언제 어디에 있는 것일까? 그리고 그 안에 들어간다는 건 과연 어떤 기분일까?

바로 이런 질문들 때문에 약 50여 년 전 우리 두 사람은 처음으로 철학 과목을 수강하게 되었다. 그러나 좋든 싫든 간에 우리의 기대는 보기 좋게 빗나갔다. 교수들은 우리가 거창한 논제와 씨름하기 전에, 우선 우리의 정신을 멍하게 하는 전문적인 세부 항목을 해결해야만 한다고 말했다. 그러면서 우리에게 "버트런드 러셀영국의 철학자이자 수학자은 '가능한 필요성'과 '필요한 가능성'을 혼동하고 있나?"와 같은 질문들을 던졌다. ……
당최 뭐라는 거야?

그 사이에도 시간은 흐르고 있었고, 우리는 여전히 죽게 될 것이었다. 마침내 우리는 형이상학, 신학, 윤리학, 그리고 실존주의 과목들을 지나 다시 그 거창한 논제로 돌아가게 되었다.

그러나 즉시 또 다른 난관이 닥쳤다. 솔직히 자신의 죽음에 대해 생각한다는 것은 겁나는 일이었다. 우리는 죽음의 신을 두려움 없이 떨지 않고 똑바로 쳐다볼 수 없다. 그렇다고 다른 데로 눈을 돌릴 수도 없다. 죽음, 그건 더불어 살 수도 없고 또 그것 없이 살 수도 없는 바로 그런 것이다. 도대체 어쩌자는 거냐고?

어쨌든 모리스가 아내 밀리를 통해 자신의 운명에 대해 들은 것은 그래도 좀 나은 편이다. 농담이란 그런 식의 재미가 있다. 촌철살인의 농담 한 마디가 정곡을 찌르기도 하고 동시에 불안을 완화시키기도 한다. 바로 그 때문에 섹스와 죽음에 대한 농담이 그리도 많은 것이다. 둘 다 우리가 까무러칠 만큼 놀라는 것들 아닌가.

다행스럽게도 우리 두 사람은 많은 농담을 알았고, 그것이 철학적 사고를 명확하게 하는 재치 있는 방법이라는 점을 발견하고는 그에 대한 책을 쓰기도 했다. 그렇다면 정말로 농담이 삶과 죽음, 존재와 비존재, 영원한 영혼과 영원한 벌 등에 대한 철학적 개념을 설명해 줄 뿐만 아니라, 또한 동시에 우리의 죽음에 대한 불안을 완화시켜줄 수 있을까?

물론, 그렇고말고! 왜냐고? 죽음, 그리고 그에 대해 대사상가들이 말하는 바에 우리 두 사람이 움츠러들지 않는 모습으로 임해야 할 시간이 임박했기 때문이다. (우리 둘 다 성경에서 정해준 바, 그 인생 70에 최근 당도했다) 이제 우리에게는 엄청나게 많은 웃음이 필요할 것이다. 이 문제에 대해 우리는 모든 관 뚜껑을 열어 살펴볼 작정이며, 단지 죽음뿐 아니라 그 전편인 삶과 그 속편인 행복한 내세까지도 살펴볼 것이다. 우리는 실마리를 찾을 것이다.

문명사회가 우리의 죽을 운명을 부정하기 위해, 특히 그 지칠 줄 모르는 완강하고 조직화된 종교를 통해 밟아온 그 믿기 어려운 여로를 필두로 우리의 탐사를 시작하고자 한다. 특히 불멸에 대한 우리의 끊임없는 갈망이 어떻게 종교—게다가 또 대파괴—를 창안해냈는지에 대한 프로이트 오스트리아의 정신과 의사이자 정신분석 창시자의 이론도 확인해 볼 예정이다.

이어서 19세기 북유럽의 몇몇 철학자들을 만나 볼 것이다. (이탈리아 지중해역에는 죽음에 대해 쓴 철학자가 왜 하나도 없을까?) 그 우울한 덴마크의 철학자 쇠렌 키르케고르는 우리가 갖고 있는 죽음에 대한 불안을 극복하는 유일한 길은 바로 그것을 견뎌 내는 것이라고 생각했던 사람이다. 키르케고르가 볼 때 죽음에 대한 생각을 억누르기 위한 우리의 모든 시도는 그 기대에 반하는 결과만을 낳을 뿐이다. 영원에 이르기 위한 하나의 방법은 무無에 대한 불안을 내재화시키는 것이다. 그렇지 않다고 말해주, 쇠렌!

그리고 그 무정한 독일 철학자 아서 쇼펜하우어 염세주의사상으로 유명하다가 뭐라고 했는지도 보게 될 것이다. 실질적으로 그는 '벨트슈메르츠 Weltschmerz: 세계의 고통, 비관적 세계관이라는 뜻 ― "세상이 나를 욕설을 퍼붓게 만든다"쯤 될까? ―라는 말을 특허 낸 것이나 다름없다. 당신은 죽음에 대한 그의 태도가 엄청나게 고통스러웠으리라 생각할 것이다. 그러나 삶에 대해 결코 열성적 지지자가 아니었던 그는, 죽음에 철저히 냉담했다. 그는 "한 개인의 죽음은 절대로, 아무런 중요성도 없다. 그러므로 우리의 죽음은…… 우리에게 무관심사…… 이어야 한다"¹ 고 말했다. 죽음에 무관심하라고? 아티, 그건 정말 도움이 안 돼!

자, 다시 우리의 '불안 계량기' 바늘의 수치가 높아졌다. 우리에겐 죽음에 무관심할 수 있는 죽이는 농담이 필요하다.

올리가 죽자 그의 아내 레나는 지역 신문 부고란에 남편의 죽음을 알리기 위해 신문사를 찾았다. 신문사 카운터의 남자가 레나에게 애도를 표하며 남편 올리에 대해 어떤 말을 남기겠느냐고 물었다.

레나는 "그냥 〈올리 사망〉이라고만 써 주게"라고 대답했다. 그러자 남자는 당황해 하며 "그게 다예요? 50년을 같이 살았고 자식들과 손자들도 있잖아요. 만약 비용이 걱정되어 그러신다면, 첫 다섯 단어는 무료라는 걸 아셨으면 좋겠군요."

그러자 레나가 말하길, "좋수. 그럼 이렇게 쓰지. 〈올리 사망. 보트 팔려고 내놓음〉"

죽음에 대한 고찰에서 20세기 실존주의자들을 **빼놓는**다는 것은 가당치 않다. 실존주의자들은 비존재와 존재를 동반자, 즉 일종의 부합되는 쌍으로 보았다. 따라서 우리는 죽음을 불굴의 의지로 바라보고자 했던 마틴 하이데거독일의 철학자, 주요 저서 《존재와 시간》와 장 폴 사르트르프랑스의 철학자이자 작가, 주요 저서 《존재와 무》를 만나볼 것이다.

하이데거는 막연한 환상으로 사는, 즉 반쯤만 살아 있는 상태인 '일상'에 매몰되지 않기 위해서는 죽음에 대한 불안이 필요하다고 주장했다. 그리고 사르트르는 대안을 고려해 보라고 말했다. 그에 의하면 죽음에 대한 불안을 갖지 않는 유일한 존재들이란 마치 문에 박힌 못처럼 이미 죽은 존재들이다. 그들은 현실적이 되라고 우리에게 훈계한다. 우리도 그러고 싶지만, 우선 떨리는 심장부터 진정시켜야겠다.

우리는 죽음을 부정하는 다양한 모습들을 검토하기 위해 이리도 무겁

기만 한 철학적 사색으로부터 잠시 숨을 돌릴 것이다. 나중에 우리가 죽더라도 우리를 아는 사람들의 가슴 속에는 우리가 계속 살리라고 위안하면서. 살아 있거나 혹은 이제 더 이상 거기에 없는 우리가 사랑하는 이들에게는 다소 감상적인 이야기가 될 것이다.

침상에서 죽어 가던 늙은 솔 블룸은 계단을 타고 올라오는, 그가 세상에서 가장 좋아하는 스트루델 과자 냄새를 맡았다. 그는 여력을 다해 침대에서 몸을 일으켰다. 벽에 몸을 기대며 천천히 침실을 빠져나와 두 손으로 난간을 겨우 잡고서 계단을 내려간 그는 힘들게 숨을 몰아쉬며 문틀에 기대어 부엌을 응시했다.

가슴의 통증만 아니라면, 그는 자신이 이미 천국에 있다고 생각했을 것이다. 부엌 테이블 위 종이타월에는 그가 좋아하는 과자가 정말이지 수백 개는 놓여 있었다. 솔은 미소 지었다. 이것이야말로 그의 헌신적인 아내 소피의 그를 사랑하는 마음에서 우러나온 마지막 행동이며, 이로 미루어 자신은 행복한 삶을 살았다고 생각하면서.

그는 떨리는 손으로 과자 한 조각을 집었다. 그때 어디선가 날아든 주걱이 찰싹하고 솔의 손등을 때렸다. 그리고 소피가 말했다.

"건들지 말아요. 나중에 먹을 거니까."

"영원이란 언제인가?" (바로 지금이라고 밝힌다) 이 질문에 대한 20세기 신학자 폴 틸리히독일 출신의 미국 신학자이자 기독교 실존주 철학자의 대답과 씨름

해 가면서 우리는 이제부터 심오한 데까지 나아갈 것이다. 그러나 '지금'은 계속 '그때'로 넘어가고 있다. 그렇다면 '바로 지금'은 어떨까? 역시 잡기 어렵다.

정말이지 꽉 잡을 만한 좀 더 견고한 뭔가가 필요하다. 그래서 우리는 고대 그리스인들이 영혼의 불멸에 관해 펼친 토론을 살펴볼 것이다. 그러나 먼저 영혼이란 무엇을 의미하는지, 정신과는 뭐가 다른 건지, 정신과 영혼이 신체와는 어떻게 다른지, 그리고 이 세 가지가 '좀비'와는 어떻게 다른지 등에 대해서 명확히 짚고 넘어갈 필요가 있다.

그리스인들을 쉬게 한 뒤에, 우리는 천국 그리고 사후의 행선지들에 대해 소위 조사란 걸 해 볼 것이다.

프레드와 클라이드는 수년에 걸쳐 저승에 대해 많은 대화를 나누었다. 둘은 누가 먼저 죽든, 죽은 사람이 남은 사람에게 연락해 천국이 어떤지 말해 주기로 약속했다.

프레드가 먼저 죽고 일 년이 지났다. 어느 날 전화벨이 울려 클라이드가 받아보니, 바로 프레드였다!

"프레드! 정말 자넨가?"

"물론이지. 클라이드, 날세."

"자네 소식을 듣다니 정말 기쁘구먼! 난 자네가 깜빡한 줄 알았지. 자, 이제 말해 보게. 거기는 어떤가?"

"음, 클라이드, 자네는 아마 믿지 못할 거야. 정말 멋진 곳이야! 자네가 이제

껏 본 중에서 가장 푸르른 들판에는 최고로 맛있는 야채가 난다네. 우린 매일 아침 늦게까지 자고, 멋진 아침 식사를 하고, 아침 내내 사랑을 나눈다네. 영양이 듬뿍 담긴 점심을 먹고 나서는 들판에 나가 조금 더 사랑을 나눈다네. 그러면 또 미식가의 저녁 정찬 시간이 되고, 잠자리에 들 때까지 또 사랑을 나누지."

클라이드는 "맙소사!"라고 소리치며, "천국은 정말 멋지구먼!"이라고 응수했다. 그러자 프레드가 말했다.

"천국? 난 아리조나에 있는 토낀데."

그리고 나서 임사臨死 체험, 강신술降神術 회합, 자살, 그리고 죽음을 피하는 방법에 대한 무모한 아이디어 등 모든 것들을 살짝 엿보는 것으로 마무리할 것이다.

"자, 모두들 거기 그대로 있도록. 한바탕 야단법석을 치를 테니까. 아니, 거기 떠드는 게 누구야?"

"나? 여기, 아랫동네 대릴 프럼킨이야. 자네들이 얘기하는 동안 난 애견 빙크스를 산책시키고 있었지. 내가 하려는 말은, 그 죽음이라는 게 아주 간단한 건데, 안 그런가? 우선 자네들은 살아 있고, 그리고 죽을 거야. 얘기 끝."

"미스터 프럼킨, 정말이야? 그게 전부야? 그렇다면 하나 물어봐도 될까?"

"정말로 당신이 죽을 거라고 생각하는가?"

영원을 잠시 보여 줄까?

죽음? 그저 내 라이프스타일 중 하나

死 끝

Death· Big D!!!

;

Heidegger and a Hippo Walk Through
those Pearly Gates

제 1 부

죽다니!
대체 이를 어쩐다?

영원이란 게 사후 세계에 있는 건가?
아니면 바로 여기 이웃에 잠복해 있는 건가?
도대체 그건 누가 가지고 있는 거지?

Heidegger
and a Hippo
Walk
Through
those Pearly Gates

Heidegger and a Hippo
Walk Through those Pearly Gates

죽어도 죽지 않는 방법들

"어이, 대릴? 대답이 없군. 자넨 정말 자신이 죽을 거라고 생각하나?"

"그래, 물론. 모두가 죽는다네. 프랭크 시나트라가 세상을 떴고, 노먼 메일러도 그렇고. 나폴레옹, 해리 트루먼, 칭기즈칸, 그리고 내 아내의 아주머니 에드나도 말할 것 없고. 따라서 언젠가 나도 죽게 될 것이라고 추론하는 게 논리상 당연하지. 사과가 위가 아닌 아래로 떨어진다는 것을 아는 것만큼이나 확실히 잘 알지."

"좋아, 대릴. 좋은 얘기야. 그러나 우리가 여기서 분명히 해둬야 할 게 있어. 우린 자네에게서 21세기 과학적 정신에 의거한 추론을 듣고자 하는 게 아니야. 우리가 말하는 건 자네의 통상적, 현실적 의식에 관한 거야. 자네는 살아 있는 인간으로서, 자네에게 주어진 순간들에서 똑딱거리는 매 순간이 빠져나간다는 걸 정말로 믿는가? 마지막 순간이 다가올 때, 존재의 모든 감각들이 멈춘다는 것을 정말 믿는가? 뭐라고? 대릴, 자네 우물거리는군. 알아, 기를 죽이는 질문이라는 거. 하지만 아마도 우리가 자네를 도울 수 있을 것 같네."

당신은 언젠가 자신이 죽을 거라는 걸 정말로 믿지는 않을 것이다. 왜냐하면 당신은 문명화된 인간이기 때문이다. 그건 전혀 부끄러워 할 일이 아니다. 적어도 아직까지는. 우리 인간은 이 명백한 사실을 우리의 의식 속으로 수용해서 결합시키는 데 젠장! 문제가 있다. 이러니 매 순간 그리고 일상적으로 우리가 하는 일이라는 게 우리의 죽을 운명을 부정하는 것이다. 어떤 문명권에 살더라도 그 사회의 구조와 관습의 도움으로 실제 우리는 아주 용이하게 우리의 운명을 부정하며 살고 있다.

20세기의 문화 인류학자인 어네스트 베커는 그의 걸작 《죽음의 부정 The Denial of Death》에서 "우리는 죽을 운명이라는 것을 객관적으로는 알고 있지만, 이 엄청난 진실을 회피하기 위해 온갖 획책을 다한다"라고 말했다. (베커는 퓰리처상 수상 바로 두 달 전에 사망했다. 참으로 안타까운 타이밍의 죽음이 아닐 수 없다)

우리가 죽을 운명임을 부정하는 이유는 뻔하다. 죽음을 예상하는 것은 끔찍하니까! 우리는 단지 잠시만 이 세상에 존재하며, 죽으면 영원히 사라진다는 사실을 대면하는 고통은 극도의 불안을 야기한다. 이러한데, 즉 시계 초침이 그리도 크게 째깍거리는데, 어찌 삶을 즐길 수 있겠는가?

베커에 의하면, 대부분의 사람들이 이러한 상황에 대처하는 유일한 방법은 미망delusion, 망상, 착각 그야말로 대미망大迷妄, Big Delusion이다. 이것은 인간의 원초적 동인―성적 동인보다 더 원초적이라고 베커는 말한다― 이며, 우리를 불멸한다고 믿게 만드는 비이성적 신념 구조인 '불멸 시스템'을 태동시킨다. 무한한 미래로 이어지며 어쨌든 우리도 그 일부가 되는 부족, 인종, 또는 국가와 우리 자신을 동일시하는 그 흔한 전략도 있다. 또한 예술을 통한 불멸 시스템도 있다. 이 시스템 속에서 예술가는 자신의 작품이 사람들의 가슴 속에 영원히 살아남으리라 상상하며, 자신도 역시 그러하리라고 기대한다. 즉 위대한 예술가들의 전당이나, 적어도 손자의 다락방 구석에 팽개쳐 있다가 발견된 석양의 풍경화 구석에 자신이 써 놓은 서명을 통해서 그렇게 불멸로 남게 되리라고.

그리고 세계의 종교들 속에 모셔진 최고가의 고상한 불멸 시스템도 있다. 인간은 우주 에너지의 한 부분으로서 산다는 동양의 종교에서부터, 예수와 함께 하기 위해 항해에 나선다는 서양의 종교에 이르기까지, 모두가 불멸 시스템을 구비하고 있다. 좀 덜 고상한 것으로 치자면 부富를 통한 불멸 시스템도 있다. 이 시스템은 매일 아침 일찍 일어나 밖에 나가서 좀 더 많은 돈을 벌어야 한다는 인생의 멋진 목표를 만들어 준다. 이런 식으로 살면 우리는 그 마지막을 생각할 필요가 없게 되는 것이다.

또한 부는 우리를 유력자들의 고급 클럽에서 죽치고 지낼 수 있게 해

(네놈에게 유산을 남기느니
쓰레기라도 더 사들일 걸 그랬지)

준다. 게다가 보너스로 우리의 유전자뿐만 아니라 우리의 돈까지도 상속 시킬 수 있다. 그러나 피상속인에 따르는 위험도 있는 법!

와병 중인 부친이 사망하게 되면 그 유산이 고스란히 자기 차지가 된다는 사실을 알게 된 밥은 그때를 대비해 함께 즐길 여자가 있어야 한다고 생각했다. 그래서 어느 날 저녁 독신자 바에 들른 밥은 그곳에서 자신이 여태껏 본 중에 가장 아름다운 여자를 발견하게 되었다.

그녀의 타고난 미모에 그만 숨이 멎을 뻔한 그는 그녀에게 다가가 말했다. "지금은 제가 그저 평범한 남자로 보일 겁니다. 그러나 한, 두 주 안에 제 아버님이 돌아가시면 저는 이천 만 달러를 상속 받게 됩니다."

그 말을 의미심장하게 받아들인 그 여자는 그날 저녁 그와 함께 그의 집으로 갔다. 3일 후, 그녀는 그의 계모가 되었다.

돈으로 살 수 있는, 불멸을 흉내 내는 또 다른 인기 있는 방법 중에 하나는 불멸의 기관에 기부하는 것이다. 더 좋은 건, 그 기관 건물의 정면에 당신의 이름을 새겨 기리거나 아니면 이런 중간 매개조차 둘 필요 없이 그냥 당신의 기념물을 세우는 방법도 있다.

그러나 베커는 당신이 청빈서약—아니면 최소한의 수입—을 깨버리기 전에 다시 한 번 생각해 보라고 조언한다. 아마도 당신은 스스로를 영원히 살 거라고 믿게 만드는 세속적 목표를 위해 여전히 분투하고 있을 것이다. 즉 유행에 정통하거나, 거룩하게 되거나, 또는 스타일을 창안해

내거나…… 모두 다 같은 것이다. 당신은 여전히 그 대미망을 부여잡고 있다. 당신의 그 미약하고 소심한 개체성을 초월하고 당신을 '실제보다 크게' 그리고 죽음보다 크게 만드는 방법을 씀으로써 죽음보다 당신이 한 수 위라는 그 대미망에 빠져 있는 것이다.

베커에 의하면, 우리는 단지 문명화됨으로써 이렇게 다양한 미망들을 유지한다. 사실상 모든 문명은 공히 불멸 시스템을 전개해 왔으며, 실제로 이런 시스템들이야말로 한 문화의 기본적 기능이다. 이들 없이는 우리 모두 죽음에 대한 불안으로 미쳐 버릴 것이고, 우리의 문명을 지속시켜 나갈 수 없을 것이다. 다시 정글의 법칙으로 돌아가게 될 것이다. 죽음의 부정이야말로 문명의 생존 전략이다!

이러한 미망을 자신의 문화권 안의 사람들과 공유한다면 삶을 지탱해 나가기가 더욱 용이하며 그것이 가족이라면 더더욱 그렇다. 클라라와 그녀의 남편이 공유하고 있는 미망을 보자.

정신과 의사를 찾아간 클라라가 하소연했다.

"의사 선생님, 제 남편 좀 어떻게 해 주세요. 그 사람은 자기가 냉장고라고 생각해요!"

그러자 의사가 말했다.

"너무 걱정하시지 않아도 됩니다. 많은 사람들이 무해한 망상에 빠지곤 하는데, 곧 나아지실 겁니다."

그러자 클라라가 소리를 높였다.

"뭔 헛소리!"

"선생님이 몰라서 그래요. 남편은 입을 벌리고 잔단 말이에요. 그러면 작은 불빛이 깜빡거려서 제가 잠을 깨거든요."

불행하게도 불멸 시스템은 우리로 하여금 그릇된 행동을 하게 한다. 어떤 형태의 불멸 시스템과 자신을 동일시하고 거기에 개인적 의미를 부여하면서, 다른 시스템을 신봉하는 사람들과 부딪히는 난제가 야기된다. 종교 간 충돌에서 종종 이런 모습을 보게 되는데, 이는 정말 심각한 문제이다. 즉 모든 불멸 시스템이 다 옳을 수는 없으므로 필경 내가 아닌 다른 사람들이 그르다고 확신하는 것이다. 그러나 문명은 그에 대한 치유법 역시 제공했다. 그냥 없애 버려! 일단 죽으면, 그런 것들이 우리의 불멸에 위협이 되진 않을 테니. 이봐, 그게 정답이라고.

특정 종교의 교리 및 그 구체적 불멸 시스템으로 인해 흘린 피에 대해서는 수많은 기록들이 남아 있다. '신新무신론' 운동의 경전이랄 수 있는 크리스토퍼 히친스 영국계 미국인으로 저술가이자 언론인의 《신은 위대하지 않다: 종교가 모든 것에 끼친 해독 God is Not Great: How Religion Poisons Everything》에는 인간이 자신들의 종교의 우월성을 유지하기 위해 자행한 반인륜적인 범죄가 이루 헤아릴 수 없을 정도로 많이 열거되어 있다. 그러나 미국의 초현실주의 코미디언 에모 필립스는 이런 상황을 짤막한 우스개로 단칼에 정리하여 들려준다.

하루는 다리를 건너고 있는데, 한 남자가 난간에서 막 뛰어내리려 하는 게

"자넨 종교를 잘못 골랐군. 이상 끝. 그에 대해 논할 생각은 없네."

아닌가. 나는 급히 달려가서, "멈춰요! 그러지 말아요!"라고 소리쳤다.

"왜 그러지 말아야 하죠?" 그 남자가 되물었다.

"아, 살아야 할 이유야 많지요!"

"이를테면?"

"음⋯⋯ 종교가 있나요?"

그 남자는 그렇다고 대답했다.

"나도요! 봐요, 이미 우리는 공통점이 있군요. 그러니 좀 더 얘기해 봅시다. 기독교 신자인가요, 아니면 불교 신자인가요?"

"기독교 신자요."

"나도요! 가톨릭 아니면 개신교?"

"개신교도요."

"나도 그렇소! 성공회 아니면 침례교?"

"침례교요."

"와! 나도요! 하나님 침례교 아니면 주침례교?"

"하나님 침례교요."

"오, 나도요! 원조 하나님 침례교 아니면 개혁파 하나님 침례교?"

"개혁파 하나님 침례교요."

"이런! 나도 그래요! 1879년 개혁파 하나님 침례교 아니면 1915년 개혁파 하나님 침례교?"

그러자 그는 "1915년 개혁된 개혁파 하나님 침례교요"라고 대답했다.

나는, "죽어버려! 이 이교도놈 같으니라고"하며 그를 밀어 버렸다.

필립스에게는 당신이 바쁠 경우를 대비한 더 짧은 버전도 있다.

"그 누구든 인생에서 가장 힘든 때는 바로 사랑하는 사람을 악마라는 이유로 죽여야만 할 때이다."

프로이트, 죽음을 위한 리허설을 준비하다

죽음의 부정이 인류의 대미망이라는 베커의 주장은 아주 인상적인 계보에 그 연원을 두고 있다. 정신분석의 아버지이자 무의식의 어머니인 지그문트 프로이트는 그의 소논문 〈미망의 미래〉에서, 신들 그리고 종교에 대한 미망을 고안해내고 지켜가도록 인간을 몰아대는 주요 요인 중의 하나가 바로 죽음에 대한 두려움이라고 지적했다. 죽음을 생각하면 우리는 어찌할 바를 모르고 무력해지기 때문에 우리의 무의식이 하늘에 계신 아버지를 발명해내어 우리를 지탱시킨다는 것이다. 게다가 하늘에 계신 아빠께서는 선행에 대한 보상도 해 주시므로, 프로이트에 의하면 이는 "근친상간, 식인 풍습, 살해 욕망" 등과 같은 반사회적 본능에 저항하려는 강력한 이유가 된다.

여기서 가장 중요한 것은, 그 본원적 아버지가 사회의 요구에 부응하는 자들에게는 영생을 줌으로써 죽음에 대한 우리의 두려움을 완화시켜 준다는 점이다. 요컨대 신 그리고— 영생을 준다는— 신의 약속에 대한 믿음은 인간이 죽음이라는 공포에서 빠져나올 수 있도록 돕기 위해 고안된 문화적 동화童話라는 게 프로이트의 생각이다.

어떤 반박도 두려워하지 않는 프로이트는 후에, '토드트리베Todtriebe' 혹은 '죽음에의 충동(종종 '죽음 본능'으로 오역됨)'이라는 것을 만들어냈다. 쾌락 요인인 에로스─ 삶, 사랑, 쾌락, 그리고 다산 능력을 최대화하려는 충동─가 인류 제1의 주요한 동기였다는 것이 애초 프로이트의 가설이었다. 그러나 나이가 들면서 인간성을 경멸하게 된 프로이트는 뭔가가, 즉 그리 어여쁘지 않은 그 무언가가 작동하고 있음을 느꼈다. 에로스만으로는 전쟁이나 신체 상해 등을 설명할 수 없으니 말이다. 그래서 바로 죽음에의 충동이 들어서게 된다.

좋게 보자면, 죽음에의 충동은 인간이 자극에서 벗어나 평화와 안정을 추구하려는 데서 비롯된 것이다. 즉 일종의 죽음에 대비한 리허설인 셈이다. 프로이트는 이를 "해탈 원리", 즉 "삶의 부단함을 무생물 같은 안정성으로 인도하기 위한" 필요라고 보았다.

"당신 스스로 자신의 거름이 되어라."

푹신한 등받이 의자에 앉아 TV로 볼링을 시청해 본 사람이라면 무슨 얘긴지 알 것이다.

자, 그러면 이 모든 게 말하고자 하는 것은, 죽음에의 충동을 우리 안으로 돌려야 한다는 말인가? 프로이트는 아니라고 답한다. 이 강력한 죽음에의 충동은 자신을 가두던 우리에서 빠져나오면 괴물이 되고 만다. 이제 그것은 '내기 볼링'을 단지 보는 것만으로는 만족치 못하며 마조히즘

masochism, 피학적 변태 성욕과 자살을 향한 욕구를 갖게 된다.

　그렇다면 죽음에의 충동을 외부로 돌려야 하는 것인가? 프로이트는
또, '나인'Nein, 독일어로 '아니오' 이라고 대답한다. 아니라고? 그럼 살인, 신체 상해,
그리고 전쟁이 일어나게 되는데? 휴! 대체 어쩌라는 건지.

　프로이트는 정신과 의사를 찾아가 보라고 말한다. 치유의 목표─그리
고 생활의 목표─는 죽음에의 충동과 에로스를 조화시켜 이들이 균형을
이루도록 하는 것이다.

융이 못해 본 것, 좌뇌와 우뇌로 죽음 경험하기

신-종교-영원-내세의 풀패키지가 우리의 무의식에서부터 유래된다고 해
서 그게 꼭 별 볼일 없는 것은 아니라고 주장하는 사람이 있는데, 그가 바
로 한때 프로이트의 제자이기도 했던 스위스의 분석심리학자 칼 구스타
프 융이다.

　어쩌면 우리의 무의식이 우리의 의식보다 더 현명할지 모른다. 어쩌면
지그문트가 무의식의 조작이라고 부른 것이 사실은 무의식의 확정인지
도 모른다. 어쩌면 우리가 종교를 만들어낸 게 아니라, 우리 안에서 종교
를 발견해낸 건지도 모른다. 그리고 어쩌면 우리는 세대를 거쳐 무의식적
으로 점점 똑똑해진 반면, 의식은 단지 느림보처럼 되어 버린 건지도 모

"이보게, 자네를 행복하게 만드는 건 불가능하네. 그렇지만,
자네의 고민에 대해서는 썩 마음에 들 만한 얘기를 해줄 수 있다네."

른다.

칼 구스타프에 의하면 종교는 "마음으로부터" 생기는 상징들을 제공함으로써 정신을 대변한다. 이러한 상징들이 계시력을 갖는 건 이들이 꿈, 문화적 신화, 그리고 종교들을 통해서만 우리의 의식에 접근할 수 있는 본능적 지혜의 창고, 즉 깊은 무의식의 산물이기 때문이다. 그 의식이 이 깊은 영혼과 연락이 끊길 때— 즉 소원하게 될 때— 바로 우리는 그 모든 것의 근원적인 무의미함으로 인해 끔찍하게 우울해지는 신경 이상 증세를 보이게 된다.

융이 조금만 더 오래 살았더라면— 그는 1961년에 죽었다— 아마도 좀 더 심오하고 개화된 정신에 이르는 방법들의 목록에 환각제를 추가할 수도 있었을 것이다. 매직 머쉬룸_{환각성 버섯의 일종}이나 LSD 같은 환각제의 체험은 60년대의 수많은 구도자들에게 좀 더 드높은 실재— 적어도 당시에는— 처럼 보이는 초월적 존재에 대한 통찰을 안겨 주었다. 그럼에도 불구하고 아직까지— 우리가 알고 있는 바에 의하면— 이렇게 마약으로 유도된 상태를 경험했던 그 누구도, 자신의 엄청난 뇌일혈 경험을 주도면밀하게 지켜봤던 질 볼트 테일러만큼 놀랍고 분명한 얘기를 들려준 적이 없다. 하버드의 이 신경과학자는 1996년 뇌의 좌반부가 마비되었을 때 흥미를 갖고 그 추이를 관찰했다. 그 과정에서 테일러 박사는 융이 단지 꿈으로만 꿨던 영적인 실재를 알게 되었다.

테일러에 의하면, 뇌의 우반부는 지금 이 순간 우리에게 일어나는 일들을 처리한다. 바로 지금, 우리에게 다가오는 풍경, 소리, 그리고 냄새를 모두 취합해 그것들을 하나의 전체로 만들어 그림처럼 사고한다. 우뇌 안에서 우리는 "완벽하고, 온전하며, 아름답다." 우주의 모든 에너지 그리고 온 인류의 에너지에 연결되는 "에너지 존재"로서의 우리 자신을 경험한다.

이와는 대조적으로 우리의 좌뇌는 단선적이고 조직적이다. 그것은 현재 순간을 취해 세부 사항을 가려내고 그것들을 과거의 학습에 연결시키며 미래의 가능성을 그린다. 좌뇌는 그림으로 사고하는 게 아니라 언어로 사고하며 "나는 존재한다"라고 말한다. 좌뇌는 주위의 에너지 흐름과 자아가 분리된 것을, 그리고 다른 사람들과 자신이 분리된 것을 경험한다. 뇌일혈이었던 테일러가 상실한 부분이 바로 이 좌뇌의 기능이었다.

좌뇌가 마비되는 순간, 그녀는 자신이 무한한 존재이며 우주의 모든 에너지와 하나됨을 경험했다. 그녀는 아주 평화로웠고 행복감을 느꼈다. 동시에 그녀의 좌뇌는―그 걱정 많은 뇌― "죽을지도 몰라! 도움을 청해야 돼!"라는 메시지를 끊임없이 내보냈다. 그러나 좌뇌의 지속적인 조력 없이 도움을 얻는다는 것은 거의 불가능하다. 도움을 청하기 위해 가까스로 전화를 걸어 자신의 상황을 설명하려고 애썼지만, 그녀가 할 수 있는 거라곤 마치 개처럼 짖어 대는 것뿐이었다.

병원에 입원한 그녀는 세상이 마치 혼돈과 소음으로 자신을 둘러싸고 있는 것 같은 경험을 했다. 그러고 나서 갑자기 "엄청난 행복감"으로 솟구쳐 오르는 기분을 느꼈다.

테일러 이야기의 결론? 이 세상은 '자신의 좌뇌를 오른쪽으로 옮길' 수 있는 사랑스럽고 평화로운 사람들로 가득 차 있다는 것이다. 우리는 '우주의 생명력을 갖는' 존재인 동시에 세상으로부터 분리되어 있는 존재들이다. 그리고 정말 중요한 것은, 언제라도 둘 중의 하나를—어느 정도는—우리가 선택할 수 있다는 점이다.[2]

테일러가 그녀의 우뇌에서 경험한 것이 바로 융이 말한 종교적 경험의 심오하고 무의식적인 원천이다. 이러한 경험이 어디에서 비롯된 것인지, 융은 단지 추측만 해봤을 뿐이다. 그리고 테일러는 그 위치를 콕 집어냈다. 테일러의 우뇌 경험은 그녀 좌뇌의 시공간 구성 개념을 폭발하게 했다. 그 경험은 초월적인 것이었으며 그녀는 불멸의 총체, 그 한 부분이었다.

융은 우리가 죽는다는 사실을 본능적으로, 무의식적인 영혼이 알 뿐만 아니라 이 사실을 실제로 받아들인다고 주장했다. 영혼은 죽음이 찾아오기 전에, 보통 수 해 전부터 죽음에 대비한다. 우리의 이성적이고 의식적인 정신은 불안을 야기하는 가차 없는 최후로써의 죽음을 보지만, 우리의 영혼은—우리의 우뇌?—죽음을 그저 받아들인다.

"제기랄, 관을 봉하는 것만이 다가 아니군. 안 그런가?"

"그렇다네, 대릴. 그리고 점점 더 으스스해질 것 같아 무섭네."

키르케고르 왈, "네 삶이잖아, 책임져!"

"대릴, 좋은 소식과 나쁜 소식이 있는데, 어느 걸 먼저 듣고 싶나?"
"나쁜 얘기 먼저 듣겠네."
"그래. 자, 앞으로 자네의 걱정거리가 더 많아질 걸세."
"좋아. 그럼 좋은 소식은 뭐지?"
"좋은 소식은, 우리가 이 책을 끝내고 나서 아내들과 함께 프랑스 남부로 휴가를 떠날 거라는 거지."

그렇지만 우선은 다시 베커에게로 돌아가 보자. 그는 심리학이든 체계화된 종교든 결국은 그 어느 것도 무의미한 삶과 뒤따르는 죽음이라는 문제로부터 안전한 피난처를 제공해 줄 수는 없다고 말한다. 이들 중 어느 것도 죽음과의 대면이라는 불안감 또는 그 이면, 즉 유한한 삶을 대면해야 하는 불안감으로부터 우리를 떼어낼 수 없으며, 또한 무한을 향한 우리의 갈망을 결코 만족시킬 수도 없다.

우리가 좋아하든 싫어하든 간에(물론 우리는 싫다) 이러한 걱정거리들은 인간 조건의 일부이다. 게다가 우리는 유산 상속세를 지불하는 유일한 피조물이며, 우리가 가진 거라곤 불안의 불씨뿐이지 않은가.

그러나 걱정할 것 없다. 베커에 의하면 죽게 되어 있는 우리의 운명을 진정으로 받아들이고, 또 그것을 어느 정도 초월하는 길이 있다. 그 누구의 불멸 시스템과도 문제를 일으킬 필요 없이, 좀 더 드높은 실재와 얼마

간 닿을 수 있는 길. 이 길을 만나기 위해서는 프로이트나 융보다 훨씬 앞선 19세기 중반 덴마크의 철학자이자 종교 사상가, 그리고 실존주의의 시조인 쇠렌 키르케고르에게로 거슬러 올라가야 한다.

우리들 대부분은 죽음에 대한 불안을 건너뛰고, 그 후로 내내 행복했다는 식의 불멸 시스템, 즉 천국의 맨 앞자리로 곧바로 훌쩍 뛰어넘고 싶어 한다. 그러나 베커와 그에게 영감을 불어넣은 키르케고르에 의하면 그렇게 껑충 뛰어버리는 길은 그 어느 곳에도 닿지 않는 고속도로일 뿐이다. 영원한 무無를 기다리며, 죽음을 똑바로 응시하고 견디는 단계를 생략해 버린다면, 단 한 번뿐인, 두 번 다시 없는 삶을 대면하며 수반되는 두려움과 공포의 무거운 짐을 부정해 버린다면, 우리는 초월을 경험할 수 있는 유일한 기회 또한 놓치게 될 것이다. 왜냐면 불안이란 바로 우리의 근원적 스승이기에! 쇠렌의 말씀이다.

"이봐, 자네들, 거기 잠깐만 멈춰 보게나. 이 덴마크 사람은 정말 종잡을 수가 없군. 초보자들이, 기분이 나쁠 때보다는 좋을 때 학습이 훨씬 잘된다는 것은 주지의 사실 아닌가. 이런 얘길 듣고 있자니 정말 우울해지는군."

"대릴, 무슨 얘긴지 알겠네. 삶은 짧고 죽음은 확실하다는 부정할 수 없는 사실에, 자네의 몸이 떨리고 볼에는 눈물이 흐르는 것을 우린 이미 알아차렸지. 그래, 뭔가를 배우기에는 최적의 시간이 아닌 것 같다는 생각에는 우리도 동의하네. 그렇지만 자네도 잘 알듯이, 이미 죽은 자에 대한 존중의 차원에서라도 쇠렌에게 한 번 기회를 주고 충분한 얘기를 들어보

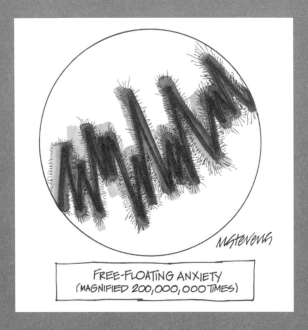

FREE-FLOATING ANXIETY
(MAGNIFIED 200,000,000 TIMES)

자유자재로 떠다니는 불안(2억 배로 확대한 모습)

세. 어때?"

　우선, 인간의 조건에 관해 좀 알아둘 필요가 있다. 《공포의 개념The Concept of Dread》과 《죽음에 이르는 병The Sickness unto Death》 (이렇게 '죽이는' 제목으로 쇠렌 키르케고르가 덴마크에서 그렇게 잘 팔렸던 것이다)에서 키르케고르는 철학과 심리학적 성찰을 섞어서 불안과 절망의 의미에 이르렀다. 그러나 쇠렌이 관심을 기울였던 심리학적 문제는 한 개인사에서 야기되는 그런 것이 아니었다. 즉 당신의 어머니가 항상 당신보다는 동생을 더 편애한다거나 아버지가 당신을 형편없다고 여긴다거나 하는 문제들이 아니라, 우리 모두 죽을 운명이고, 또 인간이기에 갖게 되는 문제들에 관한 것이었다. 만약 오늘날 키르케고르가 살아 있다면, 그는 아마도 심리치료사들이 다루는 노이로제에 관한 문제가 우리 인간의 진정한 문제에 대한 대체에 지나지 않는다고 생각할지도 모른다. 즉 죽음의 심연 끝자락에서 의미 있는 삶을 살기 위한 책임을 져야 한다는 문제 말이다.

　"자, 모두들 타임아웃! 치료에 대해서는 나도 알만큼 알고 있지. 화를 다스리는 문제 때문에 나도 한동안 정신과 의사를 만났거든. 결국 자네가 말한 게 맞아─그 모든 게 어머니가 내 동생 스키피만 너무 좋아하고, 아빠는…… 그래, 잘 알다시피……. 그로 인해 난 수년 간 화를 꾹꾹 누르며 지냈던 거지. 그건 정말로, 죽음이나 심연 또는 뜻도 잘 모를 그 어려운 얘기들과는 전혀 상관없는 거였지."

　"그래, 어쩌면. 하지만 대릴, 키르케고르는 어머니의 사랑을 필요로 하는 문제란 단지 연막이라고 얘기할 걸. 자네 어머니가 자네를 얼마나 사랑하는지 혹은 자네 아버지가 얼마나 자네를 꼼짝 못하게 하는지와는 상관없이, 인간이기 때문에 야기되는 불안과 우울이 있단 말일세.

바로 이 불안과 우울이 자네를 정신과 상담실 소파에서 끙끙대게 하는 개개의 불안과 우울의 모체라네. 키르케고르에 의하면, 자네의 만사 관련 모든 불안은 그 심리 상담실 소파에서 쏟아 놓는 불평보다 훨씬 먼저 생긴 것으로, 자네가 언젠가 죽을 거라는 걸 알고 있다는 사실에서부터 시작된 거라네. 그리고 아마도 자네가 엄마, 동생 스키퍼, 그리고 아빠에 대한 문제를 풀려고 하는 것은 자네의 진짜 문제, 즉 그 큰 죽음이라는 문제로부터 자신의 주의를 돌리기 위한 방편일 뿐이야.”

만약 흔한 노이로제가 죽음에 대한 우리의 공포를 가리기 위한 연막이라면, 심리 치료 기간이 왜 그리 오래 걸리는지도 설명될 수 있다. 즉 심리 치료는 그 ‘죽는 것’에 대해서는 결코 주의를 기울이지 않기 때문이다.

물론 통상적 심리 치료가 그렇게 오래 걸리는 데는 여타의 이유들도 있다. 코미디언 로니 세이크스의 경우처럼.

“12년간의 치료가 끝난 후 내 정신과 의사가 뭔가를 말했고, 난 울어버렸지. 그가 한 말은 ‘No hablo ingles(난 영어를 못해요)’였어.”

뉴욕의 치료 시계

당신은
18년 14일 45분 동안 치료를 받아왔습니다.

삶의 무한한 가능성이 주는 무한한 절망에 관하여

키르케고르가 보기에 이런 식의 노이로제 같은 불안과 절망에 비해 우리 인간의 심층 맨 아래에 깊이 자리하고 있는 불안과 절망은 우리를 오락가락하게 만든다. 어떤 사람들은 수많은 가능성에 압도될 정도다. 일상생활과 판타지 양쪽 모두에 나타나는 무한한 선택들은 유한한 우리들로서는 제대로 다 다룰 수가 없다. 한정된 시간에, 해볼 수 있는 것들은 그리도 많으니.

너무도 많은 가능성으로 전율하고 있는, 불안한 한 인간을 살펴 보기로 하자.

나도 브래드 피트처럼 그렇게 멋진 키스를 한 번 해볼 수 있을까? 변호사 일을 접고 거리의 예술가로 성공할 수 있을까? 대체 뭘 하고 살아야 하지? 내 안의 여성성을 끄집어내야 하나? 내 안의 람보는 어떡하지?

수퍼맘이면서 또 건설 회사를 운영해 볼 수 있을까? 행복한 가정생활의 파탄을 무릅쓰고라도 우체부와 한 번 연애를 해볼까? 아니면 꾹꾹 참다가 죽어 무덤으로 가야 하는 걸까?

과감하게 복숭아를 한 번 먹어 봐? 마스 초콜릿도? 환각제도?

나는 실패자인가?

만약 내게 주어진 시간이 무한하다면, 이 모든 것들을 수없이 해볼 수 있을 텐데. 그러나 죽음에는 나의 가능성을 쳐부수는 그 무언가가 있다. 오직 한 번뿐인 유한한 삶이기에 브래드 피트처럼 멋진 키스를 해 보려고 사십 년을 허비하고 싶지는 않다. 브래드 피트처럼 멋진 키스를 하려고 노력해 볼까 말까 망설임 속에 전율하며 보낸다는 것은 더더욱 고약하다. 왜냐하면 내가 전율하고 있는 동안에도 시계침은 계속 돌아가고 있기 때문이다.

째깍, 째깍, 째깍, 째깍.

고작 그게 당신의 대답이야?

바로 이러한 딜레마로 인해 현대의 실존주의자들인 나이키사社 사람들이 자사의 트레이드 마크인 '저스트 두 잇Just Do it'이라는 신념에 찬 도약을 만들어 내기에 이른 것이다.

그러나 나이키사 양반들은 아프리카에서 문화적 한계에 부딪혔다. 그들이 케냐에서 하이킹 슈즈 광고를 찍을 때였다. 광고에 케냐의 삼부루 부족민을 출연시키기로 결정한 그들은 'Just Do it'이라는 영어 슬로건

내 안엔 내가 너무도 많아.

이 화면에 등장하면 삼부루인이 모국어인 마아어로 몇 마디를 외치도록 했다. 그 광고가 TV를 타고 방송되자, 신시내티 대학의 한 인류학자는 화면 속의 그 부족민이 실제로 한 말이 "나는 이거 싫어! 난 큰 신발을 원해!"임을 알아차렸다. 이에 당황한 나이키사의 대변인은 '저스트 두 잇'에 해당하는 마아어를 찾는 데 어려움이 있어 결국 그 부족민이 하고 싶은 말을 하도록 했다고 토로했다. 그럼에도 불구하고 키르케고르의 관점을 따르자면 그 부족민은 자신의 선택을 두려워하지 않은 좋은 예라고 볼 수 있다.

으! 유한한 삶에 책임을 져야 한다는 중압감으로 사람들은 미칠 지경이다. 또한 키르케고르에 의하면 우리의 정체성(난 누구인가?), 그리고 우리의 가능성(난 무엇이 될 수 있을까?)과 같은 난제들이 우리를 불안의 끝자락으로 몰고 가 우울증에 걸리게까지 한다.

정신과 의사를 찾아간 한 남자가 말했다.

"제가 정체성에 문제가 있습니다⋯⋯ 그리고, 저도 그래요."

무엇이 될 것인가라는 키르케고르의 실존적 중압감에서 벗어나는 솔깃한 한 방편으로, 그저 '닫아 버리는' 방법도 있다. 너무 많은 가능성으로 인한 불안감에서 벗어나기 위해, 스스로를 세상과 완전히 차단해 버리는 것이다. 또 다시 우리의 불안한 인간과 만나 보자.

우선 내 자신에 대해 둔감해지도록 한다. 그건 효과적인 항불안 전략이고, 실제로도 단기적인 효력이 있다. 그러나 이제는 고립된 느낌이 든다. 즉 나의 가족, 친구, 애견 모이쉬, 잔디 깎는 기계, 콜럼버스 기사회[1882년 창립된 미국 가톨릭의 국제우애자선협회] 등과 연락도 끊기고, 다시 복귀할 방법을 쉽사리 찾을 수 있을 것 같지도 않다. 다시 기운을 차릴 수가 없다. 당신의 전략이 아무것도 하지 않는 것이라면 'Just Do it'이라는 슬로건이 그냥 맞지 않는 것일 뿐이다.

불완전에 대한 두려움에서 벗어나기 위해 시작한 방법이 나를 훨씬 더 불안하게 만든다. 브래드 피트만큼 멋지게 키스를 하지 못하기에 유감이었던 때처럼? 오, 그래도 그때는 참 좋은 시절이었지! 무덤덤하게 된 지금, 키스 잘하는 사람은 고사하고 그냥 사람으로도 살아 있는 것처럼 느껴지지 않는다.

그러나 여전히 '나'로 인해 고통을 느낀다. 남은 선택은 두 가지 밖에 없다. 영원히 그 고통을 멈추든지 -트랜스 지방을 과잉 투여함으로써? - 또는 무슨 전략적 틈새라도 시도해 보아야 하나?

내 관심사는 오직 나!

일상성에 매몰되거나, 도전하거나, 이도 저도 아니면 즐기거나!

일견 그럴듯해 보이는 빠져나갈 만한 면책 조항이 있다.
쇠렌이 말하길, "자신 안에 머물라. 그러나 그걸 미덕으로 만들라!"
다시 한 번 우리의 불안한 인간을 만나 보자.

난 아주 잘 알 것 같네. 대략 큰 얼개 그림이 보이고, 자잘한 것은 별
로 신경 쓰지 않아.
인생은 퍼레이드이고, 난 아주 좋은 자리를 차지하고 있어. 아, 퍼레이
드의 일부가 아닌 게 얼마나 다행스러운지. 이제 콜럼버스 모임에 가
지만, 난 확실하고 아이러닉한 거리를 유지하지. 사실 난 그게 적당히
재미있어.
아직도 해가 훤한데 내가 왜 마티니를 세 잔째 시키고 있는지, 자네
가 궁금할까 모르겠네.

　　쇠렌이 만들어낸 교묘한 방법 중에 또 하나는 일상의 하찮은 일에 자신
을 던져 버리는 것이다. 일상성에 매몰됨으로써 나 자신을 진정시켜라!
아무 문제없음!
　　다시 우리의 불안한 인간에게로 돌아가 보자.

난 정말 편안하다네. 블랙베리 무선 이동 통신기 겸 스마트폰 도 차고 있고.
내 일정을 자세히 보자면, 6:00-6:15 첫 라떼 한 잔, 6:15-6:45 운동,
6:45-7:00 이메일과 페이스북 체크, 7:00-8:00 디팩 초프라 인도의 작
가이자 의학자, 영적 지도자 의 오디오북을 들으며 운전하여 치료 상담소로
가기, 8:00-8:50 내 정신과 의사 곤잘레스 박사와 나의 독단성 문제
에 관해 심도 있게 논의하기, 9:00 책상에 앉아 이메일 박스 체크……
와, 정말 빡빡한 생활이구먼! 일주일 내내, 하루 24시간이 모자랄 정
도로 계속 돌아가니 말이야.
그런데 잠깐만, 내 자동차 뒷거울에 비치는 게 뭐지? 창백한 말을 타
고 검정색 목욕 가운을 걸친 남자 같은데. 비번인 기마 경관인가?
오, 맙소사! 저승사자, 바로 그 양반이네! 내 블랙베리에 그가 없다니,
정말 이상하군.

키르케고르적인 도피 전략 하나 더, "도전적 '자기 창조'의 행동 속으
로 용감하게 자신을 던져라. 자신을 갈고 닦아 상당한 인물로 만들어라."
　침대 옆 탁자 위에 웨인 다이어, 에카르트 톨, 마리안 윌리엄슨 등의 자
기계발서를 쌓아 놓아라. 긍정적으로 사고하라. 불가능한 꿈을 과감하게

뛰보라. 훌륭한 목표들을 마음속에 그려 보라. 매력이 발휘하는 마력을 이용하라. 그러면 삶에 의미가 생기고, 그 의미는 죽음을 초월할 것이다. 당신은 불멸이 될 것이다. 로렌스 루엘렌일회용 종이컵 창안자로, 그 컵 브랜드는 딕시컵처럼 그렇게, 영원히 살아남을 이름이 될 것이다!

릴리 톰린미국의 배우이자 코미디언, 작가, 프로듀서은 자신을 갈고 닦아 유력 인물이 되고자 할 때 실제적으로 부딪치게 되는 문제들 중의 하나를 지적한다. "난 항상 어엿한 인물이 되고 싶었다. 그런데 그게 좀 더 구체적이었어야 했다는 걸 이제야 알게 되었다."

"자, 대릴, 아마도 자네는 이 모두에 자네가 말려들게 되면 어쩌나 하고 걱정할 걸세. 삶에는 상충되는 전략들이 너무도 많아서 대부분은 자기 자신이 누구인지도 모르거든. 자네가 흥분도 잘하지만 또 축 처져 가라앉기도 잘한다면? 휴가를 떠나서 자신의 정신과 의사에게 '아주 멋진 시간을 보내고 있음. 죽고 싶음'이라고 메모를 보낸 조울증 환자처럼."

"아냐, 내가 생각하는 건 전혀 그런 게 아냐! 난 여전히 키르케고르란 사람은 휴식이 부족한 몇 안 되는 덴마크인 중의 하나라고 생각해. 더구나 그는 나를 엄청 의기소침하게 만들고 있어!"

"알았네, 대릴! 이제 최종 대답이네. 쇠렌의 결정타지."

반수면 상태, 자폐, 업무 과다, 또는 과대망상 등의 막다른 골목에 부딪히지 않고 빠져나오는 해법이 있다. 그러나 미리 말해 두지만, 그게 그리 만만한 게 아니다.

불안감 자체가 해법이다! 꽤 괜찮지, 대릴? 삶이 영원히 지속되는 게 아

집합 속의 자아

님을 깨닫고 강렬한 불안감을 경험할 용기를 가질 때에야 비로소, 우리는 초월을 경험하고 무한과 닿을 수 있다. 형태심리학[3]의 유추를 빌려 보자면, 비존재는 우리가 존재의 표상 자체를 알기 위해 필요한 근거가 된다. 우리는 절망적이고 의지할 데 없으며 두려워하고 있다는 것을 인정하고, 우리의 모든 미망에서 헤어나오려고 노력해야 한다. 그때에야 비로소 우리 자신과 우리의 그릇된 방어기제들에서 해방되고 자유로워질 것이며, 키르케고르가 말한 "신념의 도약"에 대비하게 될 것이다.

한 번 더 이 오래된 농담을 하지 않을 수가 없다. (어쩔 도리가 없다) 키르케고르가 말한 신념의 도약을 준비하는 사람의 정곡을 완벽하게 찌르고 있으니 말이다.

한 남자가 비틀거리며 깊은 우물 속으로 떨어졌는데, 다행히 가느다란 뿌리를 잡고 매달릴 수 있었다. 뿌리를 잡은 손에 힘이 점점 빠지자, 절망 속에서 그는 "거기 누구 없어요?"라고 애타게 소리쳤다.

고개를 들어 봐도 보이는 거라곤 우물 윤곽선을 따라 동그랗게 보이는 하늘뿐이었다. 그런데 갑자기 구름이 걷히고, 밝은 빛 한줄기가 그에게로 비쳤다. 그러더니 굵직하고 낮은 목소리가 들려왔다.

"나, 주가 여기 있노라. 그 뿌리를 놓으면 내 너를 구할지니라."

남자는 잠시 생각하다 소리쳤다.

"거기 다른 사람 없어요?"

개선되어야 할 그 무엇으로서의 자아

"대릴, 어때? 이만하면 키르케고르가 죽음에 대한 자네의 불안을 정확히 짚어 냈지? 대릴? 대릴! 대체 어디로 사라진 거야?"

괴짜 낙관주의자 쇼펜하우어가 말하는 '고작' 죽음이라는 것

"대릴이 여기 없어 유감이군. 그가 즐거워할 만한 소식이 있는데. 그것도 19세기 독일 철학자 아서 쇼펜하우어 입에서 곧바로 나온 말인데. 쇼피의 생각은, 죽음에 대해 불안해 할 필요가 전혀 없다는 거. 왜냐면 죽음이야말로 삶의 목표이자 목적이기 때문이지. 그건 궁극적 성취 같은 거야!"

"뭐라고? 무슨 얼빠진 소리야?"

"오, 대릴! 거기 있었군. 현관 아래서 마치 태아처럼 그렇게 웅크리고 말이야. 자, 친구, 숨을 깊이 들이쉬게나. 자네가 기대하던 답이 아니라는 걸 우리도 잘 아네. 실망만 시키는 것 같아 미안하지만 쇼피는 나름대로 인정받는 친구야."

쇼펜하우어는 죽음에 관한 여러 가지 흥미로운 생각들을 펼쳤다. 그중 하나를 들자면, "삶이란 죽어가는 과정이다."

과거는— 당신이 과거에 대해 정말 진지하게 생각한다면— 더 이상 존재하지 않는, 영원히 사라진, 돌이킬 수 없는, 문에 박힌 징처럼(또는 동면하는 쥐들처럼. 어떤 비유를 사용하느냐는 당신 맘이다) 완전히 죽은 것들이 쌓인 죽음의 저장소이다. 쇼피는 "오늘은 당신 여생의 첫째 날"이라는 상큼한 오랜 금언을, "오늘은 당신 죽음의 마지막 날이다. 아직까지는"이라고 살짝 비틀어 버린다.

쇼피에 의하면, 그럼에도 불구하고 우리는 그 무모한 "삶에의 의지" 때문에 삶에 매달린다. 그 의지는— 우리의 이해에 반하는— 우리의 진정한 운명, 즉 죽음을 포용하지 못하게 한다. 이런 견해들을 펼치니 쇼펜하우어가 옥토버페스트독일의 뮌헨에서 매년 10월에 열리는 맥주 축제 같은 축제에 초대 받지 못하는 것이다.

이탈리아, 프랑스, 그리고 미국인 사형수가 형 집행을 기다리고 있었다. 이들은 형이 집행되기 전의 마지막 식사는 각자가 원하는 대로 해 주겠다는 방침을 전달 받았다.

토니는, "클램 소스를 곁들인 맛있는 링귀니 한 접시"를 원했다. 그는 파스타를 맛있게 먹고, 절차에 따라 형장의 이슬로 사라졌다.

"따끈하고 맛있는 부야베스 한 대접"을 원한 피에르는 한 숟갈, 한 숟갈 그 맛을 감상한 다음, 토니의 뒤를 따랐다.

마지막으로 빌의 차례가 되자 그는 잠시 생각하더니, "신선한 딸기 한 접시"를 원한다고 말했다.

간수가 "딸기?"라고 되물으며 "지금은 딸기 철이 아닌데"라고 하자, 빌이 말했다.

"괜찮아요. 기다릴게요."

"행복한 40세여. 내 그대 윗 팔뚝의 근육과,
그대 목소리의 그 소녀 같은 맛,
그대의 그 놀라운 카페인 내성,
그리고 그대의 프렌치프라이 소화력을 가져감세.
나머지는 그대로 두겠네."

"여보게들, 거기 잠깐만 멈춰! 나의 삶에 대한 애정을, 쇼펜하우어가 뭐? '맹목적인 삶에의 의지'라고 말했다고? 내가 보기엔 그 작자야말로 비틀려도 한참 비틀린 시각을 갖고 있군! 정말 별 볼일 없는 작자 같은데, 자네들이 그냥 깡그리 뭉개 버리게."

"대릴, 참게나. 자넨 이런 일들에 대해 편견 없이 허심탄회하게 임할 필요가 있어. 물론 쇼피가 독특한 철학적 관점을 갖고 있기는 하네. 그리고 그가 구제불능의 염세적 세계관을 가진 것도 사실이지. 그러나 자네가 원하는 게 의기충천하는 거라면, 성형 수술로 사람을 확 바꿔 버리는 그 익스트림 메이크오버Extreme Makeover같은 TV 프로그램을 봐야 하지 않겠나?"

사실대로 말하자면, 쇼펜하우어는 그보다 더 심한 말로 염세주의의 극에까지 치닫는다. 그는 죽음이야말로 우리를 삶에서 벗어나게 해주는 환영 받는 위안이라고까지 말한다.

그는 인생의 보잘것없는 기쁨을 경멸한다는 점에서 그와 유유상종인 바이런의 말을 인용했다.

> 그대에게 환희는 몇 시간이나 있었던가 헤아려 보게나
>
> 고통이 없던 날이 며칠이나 있었던가 헤아려 보게나
>
> 그리고 그게 얼마나 되었던 간에
>
> 차라리 없는 게 더 낫다는 것을 깨닫게나.

한 발 더 나아가 우리의 쇼 선생께선, 삶의 모든 비탄을 고려할진대 "애초에 살지 않는 게" 차라리 더 나았을 거라는 결론을 내리기까지 한다.

나이 든 두 신사 샘과 조가 공원 벤치에 앉아 얘기를 나누고 있다.

샘이 말했다. "아, 내 인생은 산 넘어 산, 골칫거리의 연속이라네. 사업은 파산했고 아내는 건강이 좋지 않은 데다 아들이라곤 도둑놈 같기만 하고. 가끔 차라리 죽는 게 낫다는 생각이 드네."

"샘, 자네가 무슨 얘길 하는지 나도 잘 안다네."

"아니, 차라리 태어나지 않는 게 더 낫지."

"그래, 샘. 하지만 누가 그런 행운을 누린단 말인가? 만에 하나쯤이나 될까?

그러나 잠깐만, 쇼펜하우어는 자신이 절대로 염세주의자가 아니라고 우긴다. 쇼펜하우어가 "삶이란 고통과 좌절의 부단한 원천"이라고 말했다 해서 그를 '삶이, 모든 걸 삼키고, 당신은, 죽는다' 식의 철학 유파라고 속단해서는 안 된다.

오히려 쇼피는 염세주의자라기보다 불교적인 사람이다. 그는 유럽의 초기 번역본으로 불경을 읽었고, 모든 존재는 고통 받고 있다는 부처의 생각에 동조했던 사람이다. 그러나 부처만큼 그것이 궁극적으로 문제가 된다고는 생각하지 않았는데, 왜냐면 세상이란 단지 미망일 뿐이기 때문이다. 정말로 실재하는 유일한 것은 그가 말한 "의지"이다. 이는 모든 당면한 일— 그리고 그 안의 모든 것— 을 움직이는 맹목적이고 비이성적이며 주견이 없는 힘을 의미한다. 간단히 말해서, 뭐가 염세주의란 말인가? 어쨌든 우리의 삶을 항상 복잡하게 꼬이게 하는 것이 진짜, 실상은 아닌 것이다.

쇼펜하우어가 생각하기에 단지 미망인 이 세상에서 삶이 갖는 문제란, 나의 개별 의지가 초월적 의지에서 떨어져 나와 그 나름대로의 삶을 시작한다는 데 있다. 떨어져 나오면, 처음에 그것은 일상 세계의 환상에 불과한 것들, 즉 미망에 집착하게 된다. 쇼펜하우어에 의하면 이런 미망은 모든 것, 즉 나의 경력, 애국심, 그리고 특정 종교에 대한 헌신 등에 이르기까지 그 모든 것을 포함한다. 이러한 집착들이 나의 개별 의지와 당신의 개별 의지를 대치시키고, 거기에 세상의 모든 고통이 자리 잡는다. 물론 우리가 집착하는 것들 중 하나는 우리 자신의 지속적 생존이다. "우리의 그 맹목적인 삶에의 의지란 말일세. 이러니, 대릴, 인간이란 얼마나 자멸적인가?"

살기를 원할수록 더 고통 받게 된다니! 그러니 우리는 그저 흘러가는 대로, 눈에 보이는 세상의 하찮음에 우리를 맡기고, 삶과 죽음, 이 모두가 실재하지 않는다는 것을 받아들여야 한다.

쇼펜하우어가 우리를 실망시키지 않는다는 사실을 아직도 실감하지 못하는가? 그건 아직 당신이 좋은 소식을 듣지 못했기 때문이다. 의지 자체는 결코 죽지 않는다! 거기에는 '사망 사건' 같은 게 없다. 왜냐면 사건이란 단지 눈에 보이는 세상에서만 일어나는 것이기 때문이다. 의지는 불멸이다.

"대릴, 이제 우울한 게 좀 가셨나? 사실 우린 기분이 좀 나아졌다네. 이를테면 삶과 죽음에 대한 이들 신비주의적인 생각들에 대해, 그게 뭔지 조금은 감이 온다고나 할까. 항상은 아니더라도, 적어도 종종은 말이야. 물론 종종이 아닌 때에는 이런 것들이 미친 소리 같이 들린다네."

철학사를 관통하며 철학자들은 존재와 비존재, 삶과 죽음 사이의 관계를 해명하고자 노력했다. 이런 근본적인 것들이 우리의 마음을 화들짝 겁나게 만드는 것이다. 그러나 많은 놀라움과 두려움을 간직할 때, 우리는 그것들이 의미하는 바를 알아차릴 수 있게 된다. 또한 그럴 때에야 비로소 비존재 없이는 존재를 가질 수 없다는 것을, 그 반대 역시도 불가능하다는 것을 '어슴푸레하게' 알게 된다. 게다가 존재와 비존재는 서로 끊임없이 긴장을 유지하고 있다. 그것은 원초적인 우주의 싸움이다. 따라서 쇼펜하우어가 이 싸움에서 그 자신이 의지라고 부른 존재의 힘 편에 선다면, 글쎄. 그는 결국 괴짜 낙관주의자쯤 되는 게 아닐까?

대릴과 쇼펜하우어의 대화

"난 도통 무슨 말인지 모르겠어."
"넌 절대 모를 거야."

하이데거스럽게 그렇게,
우왕좌왕 이리저리 쿵쿵

Heidegger and a Hitro
Walk Through those Pearly Gates

죽음을 부정하는 자들이여, 하이데거의 '데드라인'에 주목

"대릴, 잘 듣게나. 이제 만나게 될 친구는 정말로 희한하게 말을 하는 친구니까. 20세기 독일의 실존주의 철학자 마틴 하이데거라고 하는데, 아마도 죽음이라는 주제에 관해 가장 많이 인용되는 현대 철학자일걸세. 정말 대단한 친구지! 그가 뭘 말하는 건지 우리가 알아들을 수만 있다면 말이야."

존재 그 자체를 명확히 사유하기 위해서는, 모든 형이상학에서와 마찬가지로, 존재들의 견지에서만 그리고 존재들의 근거로서의 존재들을 위해서만 입각되고 해석될 정도로까지 존재를 무시해 버려야만 한다.[4]

"무슨 말인지 알겠나? 특히 그가 넌지시 던지는 듯한, '모든 형이상학에서와 마찬가지로'라는 말이 참 맘에 드는군. 이것도 한 번 보겠나?"

시간은 사물이 아니다. 고로 존재하는 것이 아니고, 또 그럼에도 불구하고 시간 속에 존재하는 것들처럼 일시적인 어떤 존재가 아니면서도, 그 지나가 버림 속에 변함없이 지속되고 있다.[5]

"…… 더 이상 뭐라 할 말이 없군. 아마도 독일어를 알았다면 더 잘 알아들을 수도 있었겠지. 어떤 글에선가 하이데거가 한 말 같은데, '독일어는 존재를 말하는데, 여타의 모든 언어들은 단지 존재에 관해 얘기할 뿐이다.'[6]

그런가 하면 또 이런 말도 했지. '그 자체를 명료하게 한다는 것은 철학으로서는 자살이나 마찬가지다.'[7]

마티, 정말 고마워. 우리의 자부심을 다시 한 번 살려 주는군. 대릴, 이제 할 수 있는 모든 도움을 얻어야만 이해가 가능할 걸세. 그가 무슨 말을 하는 건지 감이 잡히나?"

사실 현대 철학에서 죽음을 다룰 때 하이데거가 그리도 중요한 위치를 차지하는 데는 나름의 이유가 있다. 그것은 그의 걸작인 《존재와 시간

Being and Time》을 처음부터 끝까지 읽는 것 자체가 존재를 거의 죽을 지경에 이르게 하기 때문만은 아니다. 소위 죽음에 관한 철학에 하이데거가 크게 기여한 것은, 진정으로 무언가를 깨달으며 정직하게 살아가기 위해서는 죽음에 정면으로 맞서야 한다는 그의 권고였다. 죽음에 대한 의식 없이는, 우리는 그저 반만 사는 것일 뿐이다. 어떤 학자에 의하면 한 강연에서 마티는 이 점을 아주 분명하게 이야기했다고 한다.

> 만약 내가 죽음을 내 삶 속으로 들이고, 인정하고, 그리고 정면으로 맞받는다면, 나는 죽음의 불안과 삶의 하찮음에서 나를 해방시키게 될 것이다. 그리고 오로지 그렇게 됐을 때에만 자유롭게 내 자신이 될 것이다.[8]

마티가 강조하고 있는 것은, 이를테면 야옹이들과는 다르게, 오직 인간만이 자신이 죽을 운명이라는 걸 안다는 사실이다. 야옹이라면 내 애견 모이쉬에게 잡아먹히지 않으려고 할퀴고 물어뜯으려 할 것이다. 그러나 모이쉬에게 당할 경우 자신을 기다리고 있는 그 엄청난 공허가 무엇인지는 알지 못한다. 이렇게 죽을 운명임을 자각하는 것은 인간에게만 주어진 조건으로, 유례없고도 근본적인 것이다. 그 인간 조건에는 물론 우리도 포함되어 있다.

그럼에도 우리들 대부분은 용케도 이 자각을 깔아뭉개고 희미하게 만들며 지낸다. 우리는 "죽음의 부정" 속에서 사는데, 이는 하이데거의 견해로 보자면 전혀 사는 게 아니다. 장차 우리에게 다가올 죽음을 의식하지 않는 한, 우리는 삶을 온전히 체득할 수 없다. 아래에 소개되는 부정의 여왕을 한 번 만나 보자.

한 사제가 자신의 청중들에게 죽음이 불시에 찾아온다는 것에 대해 큰소리로 경고하고 있었다.

"또 하루가 가기 전에, 이 교구에서 누군가가 죽음을 맞이할지도 모릅니다."

그때 맨 앞줄에 앉은 자그마한 체구의 아일랜드 노파가 웃음을 터뜨렸다. 이에 짜증이 난 사제가 "대체 뭐가 그리 우스운가요?"라고 물었다. 그러자 "휴우!"하고 안도의 숨을 내쉰 노파가 말했다.

"난 이 교구 사람이 아니거든요."

메멘토 모리_ '불멸'이라는 맥 빠지는 소리는 집어치우라고!

메멘토 모리Memento Mori는 로마에서 아직 라틴어를 사용하던 당시에 두운을 맞춰 잘 외워지면서 즐겨 사용되던 표현들 중의 하나이다. 우리 둘다 라틴어 회화에서 낙제점을 받았지만, 이 말의 뜻이 "네가 죽을 것임을 기억하라!" 혹은 좀 더 최신식 표현으로 "이봐, 굼바이탈리아계 미국인을 일컫는말 네가 죽을 거란 걸 기억해!" 쯤 된다는 걸 들어서 알고는 있다.

그 옛날 전쟁에서 승리를 거두고 귀환해 로마 시가를 행진하는 영웅의

"오, 드디어 방문해 주셨군요!
저는 '데드라인' 없이는 아무 일도 시작할 수가 없답니다."

deadline, 마감 날짜, 시간을 의미하는데
여기서는 단어 그대로 죽음과 연관하고 있다.

뒤에서 한 노예 소년이 이 문구를 반복해 들려줬다고 한다. 이를테면 그 목적은, "그래, 당신은 오늘 세상의 정상에 올랐지. 그러나 우리 모두와 마찬가지로 당신에게도 죽음의 날이 올 거야!" 즉 죽음을 상기시키는 것이었다. 메멘토 모리는, "어이, 그 치도 역시 아침마다 양말을 신어야 한다네"라든가, "여왕이라고 해도 뒷간에 가면 별 수 없이 앉아서 일을 볼 텐데 뭐." 등과 같은 말보다는 전통적으로 훨씬 더 무게감이 있는 표현으로, 모든 사람은 결국 똑같다는 것을 환기시키는 일종의 '위대한 평정자'처럼 여겨져 왔다.

그러나 메멘토 모리는 상황과 시대에 따라 일종의 비망록으로 활용되기도 했다. 즉 "먹고 마셔라, 내일이면 우리 죽을지니"(예언자 이사야가 말했듯)에 응원군으로 동원되었고, 기독교 시대에는 "심판의 날(당신이 죽은 뒤 첫 번째 화요일)이 다가오니 착하게 살지어다"에 불려가기도 했다.

회화, 문학, 그리고 음악 등의 예술 분야에서는 메멘토 모리의 이미지가 죽음을 기억하도록 돕는 목적으로 활용된다. 네덜란드 화가 프란츠 할스의 〈두개골을 들고 있는 젊은이Youth with a Skull〉, 독일 화가 홀바인의 〈죽음의 무도The Dance of Death〉(무덤 주위에서 호키 포키 춤을 추어 대고 있는 해골들), 그리고 프랑스 작곡가 생상스의 〈죽음의 무도Dance Macabre〉 등을 떠올려 보면 된다.

매사추세츠주 그레이트 배링턴의 존스 정크 야드에서 최근까지도 쇼핑객들을 반겨 맞았던 설치 미술 작품도 한 점 있다. "나도 한때는 지금의 그대 같았다오. 이제 그대도 곧, 지금의 나처럼 될 것이오"라는 설명과 함께 유리 상자 안에 번듯하게 자리 잡고 있는 해골 말이다.

이쯤 되면 당신이 불안해 하는 것도 당연하다.

좋다. 죽음을 부정하는 게 금지 사항은 아니다. 그러니까 우리도 그것에 관해 좀 파고 들어가 살펴볼 수 있다는 말이다. 그러나 하이데거가 자신의 생각을 한 발 더 밀고 나가도록 두자.

하이데거는 죽음의 예기로 인한 불안은 삶에 지장을 주기는커녕 오히려 "요지부동의 기쁨"을 가져온다고 말한다.

"멈춰! 이봐, 자네들 또 형편없는 일에 걸려들었군. 지금 그 작자가 '진짜 만세, 난 영원토록 살지 않을래. 젠장!'이라고 말하는 건가?"

"대릴, 사실 마티는 정말로 흥미로운 생각을 품고 있는 거야. 자, 이렇게 보면 어떨까. 자네가 케빈 가넷이라고 치고, 지금이 NBA 결승전의 일곱 번째 경기NBA 결승전은 7전 4선승제라고 해보지. 그러면 아마도 자네는, 예를 들어 샬롯 같은 데서 열리는 시즌 중간의 그 따분한 평일 밤 경기들 때보다는 훨씬 더 격렬하게 열과 성을 다해 생동감 넘치는 경기를 하게 될 것이네. 평일 밤의 경기 같은 걸, 하이데거는 '일상성'이라 칭하고 또한 결정적인 장애물이라고 간주했지. 그러니 대릴, 우리 한 번 정면으로 직시해 보세. 이건, 바로 지금, 바로 여기는 결승전이 벌어지는 곳이야. 그러니 지금 여기에 있다는 게 얼마나 기쁜 일인가!"

우리의 영혼이 불멸한다면 그것은 하이데거에게는 최악의 소식이 될 것이다. 그것은 우리에게 평일 밤 샬롯에서 따분하게 이어지는 경기들을 영원히 보라고 선고하는 것이나 마찬가지일 테니까.

하이데거, 할리우드에 진출하다

죽음의 그림자 속에서 살라는 하이데거의 훈계는 수많은 심오한 사상가들에게 울림이 되었다. 마하트마 간디는 "내일 죽을 것처럼 사십시오. 영원히 살 것처럼 배우십시오"라고 말했다. 그리고 다름 아닌 요절한 영화배우 제임스 딘은 "영원히 살 것처럼 꿈꾸라. 내일 죽을 것처럼 살라"고 말했다.

그러나 우리 맘에 썩 드는 건 팀 맥그로의 컨트리 앤 웨스턴 히트송인 〈죽어가고 있는 것처럼 살아라〉에 나오는 가사이다. 이 노래는 의사로부터 이제 살날이 얼마 남지 않았다는 선고를 받은 사십 대 남자에 관한 얘기이다. 코러스에서 그 남자는 친구에게 이렇게 말한다.

난 스카이다이빙을 했었지.

난 로키산으로 등산도 갔었지.

난 푸만추_{사악한 범죄자의 전형. 그 정도로 포악하고 거친 황소를 탔다는 의미이다} 라는 이름의 황소에도 2.7초 동안이나 올라탔었지.

그리고 내 사랑은 더 깊어만 가고 나의 말은 더 달콤해져 갔지.

그리고 베풀 줄 모르던 관용도 베풀었지.

그리고 그가 말했지.

"언젠가 자네가 마치 죽어 가는 것처럼 살 기회가 있길 바라네."

롭 라이너 감독의 코미디 영화 〈버킷 리스트 Bucket List〉에서 죽음을 앞두고 있는 육십 대의 두 남자는 죽기 전에 꼭 하고 싶은 일들을 하기 위해 암 병동에서 도망친다. 그들의 목록에는 문신하기, 중국의 만리장성 가보기, 경주차 운전하기, 스카이다이빙 해보기(이건 우리를 제외한 모든 사람들의 마지막 소원 목록에 올라 있는 것 같군), 히말라야산맥 등반하기, 완벽한 여자 만나기 등이 적혀 있다. 소원 성취 여정에서 두 사람은 죽음을 정면으로 직시하면서 얻게 된 지혜를 읊조리기도 한다.

"화장실 가는 것 거르지 말고, 정력 너무 낭비하지 말고, 그리고 멍청한 인간 절대 믿지 마!"

주옥같은 지혜의 말씀들이다. 영적인 구도까지는 아니더라도 죽음에 임박한 삶의 향을 풍긴다. 물론 〈버킷 리스트〉는 곧 죽을 것처럼 살고 있는 사람들을 극화하고 있는 게 아니다. 그들은 진짜로 죽음이 임박한 사람들이다. 그러나 하이데거에게는 이런 구분이 별 의미가 없다. 우리는 '모두' 죽을 거니까. 그게 정확히 언제인지는 그저 사소한 둘러대기일 뿐이다.

둘러대기

의사: 좋은 소식과 나쁜 소식이 있습니다.

환자: 좋은 소식은 뭐죠?

의사: 검사 결과 24시간 더 사실 수 있습니다.

환자: 그게 좋은 소식이라고요? 그럼 대체 나쁜 소식이란 뭡니까?

의사: 죄송합니다. 어제 전화 드린다는 걸 제가 그만 깜빡했습니다.

빙빙 둘러대기

마티는 건강 검진을 위해 루이스 의사를 찾아갔다. 다각적인 종합 검사를 한 후에 의사가 말했다.

"마티, 안 좋은 소식을 전해야 할 것 같네. 자네에겐 시간이 육 개월 밖에 남지 않았네."

마티는 어안이 벙벙해 입이 열리지 않았다. 잠시 후 마티는 "의사 선생, 정말 끔찍하군. 그런데 한 가지 고백해야 할 것이 있는데, 내가 지금 당장은 검진비를 낼 형편이 안 되는구면"이라고 실토했다.

그러자 "오케이"라며 의사가 하는 말, "일 년 더 살도록 해 주지."

프랑스의 실존주의 철학자 장 폴 사르트르는 하이데거를 읽고(사르트르의 시중을 들던 웨이터에 의하면, '레 되 마고' 카페 테이블에 앉아 6일 동안 내리 읽었다고 한다) 죽음의 실존적 의미에 대해 나름으로 변죽을 울렸다. 사르트르는 죽음이 의미하는 바는, "대자對自, for-itself, pour-soi가 완전히 과거로 사라져 버린 즉자卽子, in-itself, en-soi로 영원히 변해 버린다는 것이다"[9]라고 말했다.

"…… 질문 있나? 프랑스인들은 그 누구보다도 참 달콤하고 나긋나긋하게 말한단 말이야, 안 그런가?"

"대자"는 자의식을 가진 인간 존재를 뜻하는 장 폴의 용어로, 그가 말하길 그것은 "사물"이 아니기 때문에 "대자"로 칭해진다. 만약 그것이 사물이라면 그것은 "즉자"이다.

"도대체 철학자들은 쉬운 영어로 말할 수는 없는 건가?"

"대릴, 사르트르는 프랑스인이었어."

사르트르가 의미하는 바는, 인간은 "본질"이 없다는 것, 예를 들자면 욕조에서 갖고 노는 용도의 고무 오리 같이 이미 예정된 목적이 없다는 것이다. '그 자체'만으로 인간은 아무것도 아니다. 반면에 고무 오리들은, 욕조 안에 세 시간쯤 죽쳐 본 사람이면 누구라도 알 수 있듯이, 그 무언가이다. 인간과 고무 오리의 가장 중요한 차이점은 인간은 스스로 되고자 하는 바가 되기 위해 선택하고 자신의 본질을 만들어 나간다는 것이다. 물론 그 외에도 다른 차이점들이 있다.

그러나 우리 인간은 즉자적, 즉 고정된 목적을 위해 창조되었다기보다는 대자적, 즉 '자기 창조적'이다. 혹은 적어도 그래야만 한다(즉 항상 자유롭게 우리 자신을 재창조해야 한다. 아, 그러나 우리 대부분은 사물이 되길 바라는 고약한 습성이 있다). 아니, 테이블이나 붙박이 램프 같은 것 혹은 욕조 같은 그런 것이 아닌 인간의 역할, 예를 들자면 우리의 직업이나 국적, 또는 골프 실력에 대한 평판 같은 것에다 우리의 정체성을 귀착시키는 것이다. 이런 식으로 우리는 가짜의, 일종의 살아 있는 죽음으로 슬쩍 빠진다. 실제로 자신의 본질을 웨이터로 정의한 사르트르의 그 유명한 웨이터처럼. 어리석은 갸르송! garçon. 영어의 웨이터에 해당하는 말로 어린 소년을 뜻하기도 한다 항상 자유의 가능성—자신이 되어 있는 것을 초월할 가능성—이 있다는 것을 그는 보지 못한다. 그는 정말로 죽을 때까지 그렇게 보지 못하고 만다. 그 지점에서, 우리는 모두 사물이 된다. 그리고 우리는 압인押印된 본질을 갖는다. 더 정확히 말해서, 시체의 본질.

대자성의 상실

"댁의 냉동 칸에 있는 칠면조들이 아주 작아 보이네요. 그것들이 좀 더 커지나요?"

"아니요, 부인. 그건 죽은 것들인데요."

기억될 만한 장례식을 위해 최선의 노력하기(최소한 행사가 없는 날로 장례일 잡기)

"이봐, 친구들, 내 불안 계량기가 방금 적색경보 상태가 됐네. 기분 좀 업시키는 게 어때? 이를테면 뭐 최근에 들은 재미있는 농담이라도?"

"대릴, 한참 열을 올리고 있는데 실존주의자들이 불안을 빼버리라고 오케이할지는 모르겠네. 그렇지만 잠깐 숨을 돌리고 가는 것도 나쁘지는 않겠지. 이제 우리는 어네스트 베커의 불멸 목록을 미끄러져 내려가서, 부족한 점이 많긴 하지만 그래도 방금 우리가 좋아하는 개그에 합류하게 된 한 가지 예를 보겠네. 즉 우리 사후에 남아 있을 사람들에게 기억되는 소

위 불멸이라는 것에 대해 얘기해 보지. 우선 현자들로부터 몇 마디 들어
볼까?"

"내가 왜 후손들을 신경 써야 되지? 그들이 날 위해 한 게 대체 뭐가 있다고!"

이 말은 재기발랄한 미국의 코미디언 그라우초 막스가 한 말이다. 그
리고 그의 철학적 대자代子인 우디 앨런은 한 술 떠 뜬다.

"난, 내 조국의 동포들 가슴 속에서 살아가고 싶진 않아. 난 내 아파트에서
살아가고 싶단 말이야."

현자들의 톡톡 튀는 관점은 후손들의 가슴과 마음에 살아 있다는 것이
우리가 기대하는 '불멸'이라는 의미의 결정적인 기준에는 미치지 못한다
는 뜻이다. 거기에는 바로 영원한 자의식이 결여되어 있다. 아마도 다른
사람들의 마음에는 살아 있겠지만 당신 자신의 마음속에서는 그렇지 못
하다는 말이다.

그러나 베커가 간과한 한 가지는 기록들을 통해 살아남는 것이 상대적
으로 편리하다는 점이다. 이를테면 천국에 당신 자리를 확보하는 것보다
는 여기 이 지상에서 기념하는 것이 사용자 친화적인데다, 기성의 인프라
까지 갖추고 있어 편리하다. 오늘날 당신 자신을 기념하는 방법은 구글에
서 쉽게 찾을 수 있는데, 예를 들면 〈종마 위의 조각상〉을 만든 조각가들,

뉴저지, 베이온 등을 치기만 하면 된다.

공원 한가운데 서 있는, 당신의 실물보다 큰 동상은 이런 류의 불멸을 성취하기에는 아주 안성맞춤이다. 단지 지역 내의 한 조각가에게 연락하고 시당국에 몇 천 달러를 지불하기만 하면 되는 일이다. 큰길이나 빌딩에 당신의 이름을 붙이는 것 역시 마찬가지다.

사진과 30여 페이지에 달하는 주석이 달린 당신의 자서전을 예일대 교수가 쓰는 것도 멋진 방법이다. 그러나 불행하게도 장례비를 치르고 나서 공공 기념물에 가용할 수 있는 수백 만 달러를 가진 사람이 우리들 중에는 거의 없다는 사실. 또한 이러한 공공 공원, 큰길이나 빌딩, 그리고 이런 일을 원하는 예일대 교수들도 꼭 그만큼만 있다는 사실이다.

그러니 우리 같은 사람들로서는 부고, 고인에의 찬사, 고품격 장례식, 재산 처분 유언장, 그리고 마지막 말 같은 기억될 만한 것들을 남길 수밖에 없다. 모래 위의 작은 표시 같은 이런 것들과는 별개로, 우리를 알았던 사람들의 마음속 깊이 "아, 그 대릴, 정말 재미있는 친구였지"와 같은 말이 새겨지길 기대하기도 한다. 그런데 조금 편치 않은 사실은 아마도 그런 말이 채 한 세대도 지나지 않아 "여기 어딘가에 대릴이라는 사람이 살지 않았었나?"라고 강등될 것이라는 점이다.

"이봐들, 그런 거 밖에 없나? 기분이 좋아지려면 멀었네!"

"대릴, 잠깐만. 이제 곧 나아질 걸세. 놀려면 일단 판을 벌여야지."

어쨌든, 황홀한 부고 기사나 몇 마디의 감동적인 찬사 또는 멋들어진 마지막 말 등이 있어야만 한다. 대체로 이러한 것들은 살아 있는 사람들

프레드 필포트 1944년 생
밖에서 열심히 벌다 1967-1979
모두 거둬들이다 1980-2007

에게 우리를 기억하게 만드는 고리 역할을 한다. 그러므로 작으나마 이런 종류의 영원을 만들어 볼 수 있는 몇 가지 실질적인 방법을 고려해 보고도 싶을 것이다.

형편없이 준비된 장례식에 대해 곰곰 생각해 보자.

스탠리 골드파브가 죽자 그의 친척들과 신도들이 기도와 추모를 하기 위해 모였다. 고인에 대한 찬사의 차례가 왔는데, 아무도 나서질 않았다. 몇 분간 기다린 뒤 초조해진 랍비는, 골드파브를 기억하며 좋은 얘기를 해 주는 것은 일종의 의무라며 모여 있는 사람들을 재차 환기시켰다.

"누군가는 그에 대해 좋은 말을 할 게 있을 거라고 생각합니다!"

또 한 번의 침묵이 흐른 후, 뒷줄에 있던 한 노인이 일어나 더듬거리며 말했다.

"친구 녀석 스탠리를 위해 이 말을 하겠습니다. 그의 형 모리스는 더 나빴습니다."

자기 자신의 장례식을 볼 수 있는 사람은 '거의' 없다. 그렇다고 해서 자신에 대한 찬사를 대작代作하게 하는 것을 포함해 장례식 준비에 관한 세세한 사항들을 관리하지 못한다는 것은 아니다. 여기에는 그들 나름으로 일리가 있다. 자신의 장례식을 세심하게 준비하는 사람은 염가 장의사를 찾는 것으로부터 시작해서 묘역에서 흔히 일어나는 사태들에 대해서도 잘 알고 있다.

막 사망한 미키를 보기 위해 그의 아내 쥬디가 영안실로 향했다. 남편을 보자마자 그녀는 울음을 터트렸고, 한 안내인이 그녀를 위로했다. 쥬디는 눈물을 흘리며, 남편은 항상 푸른색 양복을 입고 무덤에 들고 싶어 했는데 보니 검은색 양복을 입고 있다는 것이었다. 안내인은 그녀에게, 시신에게는 항상 검은색 양복을 입히는 것이 통상적 절차라고 설명하면서, 그렇지만 어떻게 도울 방법이 있는지 한 번 알아보겠다고 말했다.

다음 날 마지막으로 남편 미키를 보기 위해 다시 영안실에 온 쥬디의 얼굴에 미소가 피어올랐다. 미키가 푸른색 양복을 입고 있는 것이었다. 쥬디는 안내인에게, "저렇게 좋은 푸른색 양복을 어떻게 구하셨어요?"라고 물었다. 그러자 안내인이 말했다.

"후유, 어제 부인께서 다녀가신 뒤에 부인 남편과 체구가 같은 시신 한 구가 들어왔는데 푸른색 양복을 입고 있지 뭡니까. 그분의 부인께서는 남편이 항상 검은색 양복을 입고 묻히기를 원했다며 화를 내고 있었지요. 그러니 간단히 바꿔치기만 하면 되는 일이었답니다."

매장 복식에 관해 얘기하면서 경비 문제도 언급하고 가야할 것 같은데, 이를테면 만약 당신이 임대한 턱시도를 입고 매장되면 어느 시점에 그 턱시도는 당신 것이 되는 걸까?

일류급 장례식은 〈백조의 호수〉를 무대에 올리는 것처럼 그렇게 완벽하게 준비해 거행되어야 한다. 단 하나의 사소한 실수라도 생긴다면 오랫동안 베이욘느 녹색 보존 협회에 헌신적으로 봉사했던 당신의 업적 대신,

"그는 검소한 취향을 가진 사람이었습니다.
구운 마카로니, 찐 배추, 까치콩, 삶은 양파,
그리고 옥수수가루 반죽 튀김 등을 즐겼지요."

장례 참석자들이 당신에 대해 기억하게 되는 거라곤 오로지 그 한순간의 사소한 실수뿐일 것이다.

잭의 장례식이 우드론 공동묘지에서 거행되었다. 그와 40년 이상을 해로한 아내 제니퍼는 눈물을 글썽거렸다. 장례식이 끝나고 관이 나가려는데 관을 운반하는 카트가 문틀에 걸리는 불상사가 일어났다. 그런데 바로 그때, 경악스럽게도 관 안에서 아주 희미한 신음 소리가 들려왔다. 모두가 급히 관을 열어 보니 잭이 살아 있었다. 귀신도 놀랄 일이 아닌가. 기적이 있다면 바로 이런 게 기적이었다.

그 뒤 제니와 잭은 십 년 동안을 더 해로한 뒤 마침내 잭이 눈을 감았다. 장례식은 예전처럼 다시 우드론에서 거행됐다. 장례식이 끝나고 카트 위에 올려진 관이 밖으로 나갈 때였다. 제니가 다급히 소리치길, "그 문틀 조심해요!"

기억될 만한 장례식을 위해 또 한 가지 중요한 사항은 사람들이 얼마나 참석하느냐 하는 문제다. 텅 빈 좌석들은 불멸 가능성이 낮다는 얘기이다. 가능하다면, 당신의 장례식은 행사가 없는 날로 잡으시길.

회사에서 슈퍼볼 경기 입장권을 얻은 조가 막상 경기장에 가 보니, 그의 좌석은 경기장 구석의 맨 마지막 줄이었다. 첫 쿼터가 반쯤 진행되었을 때 조는 쌍안경으로 구장에서 열 번째 줄, 즉 50야드 선이 있는 곳에 한 자리가 비어 있는 것을 발견했다. 그곳으로 간 그는 자리에 앉으면서 옆자리의 사내에게 "실례지만, 여기 자리 있나요?"라고 물었다. 그러자 사내는 "아니요"라고 대답했다.

그러자 조는 "정말 믿을 수가 없군요! 제 정신인 사람이라면 슈퍼볼 경기에서 이런 자리를 비우지 않죠!"라고 말했다.

그러자 사내는 "저, 사실 그 자리는 제 건데요. 원래 아내와 같이 오기로 되어 있었는데 그만 아내가 세상을 떴습니다. 이 경기는 1967년 결혼한 이래로 우리가 같이 관람하지 못하는 최초의 슈퍼볼 경기입니다"라고 말했다.

"아, 정말 슬픈 일이군요. 대신 올 사람을 찾지 못하셨나요? 친구라든가 아니면 가까운 친척이라도?" 조가 말했다. 그러자 그 사내가 말하길, "네. 다들 장례식에 참석하고 있거든요."

총천연색 속에 죽다!_블로그 안에서 영원히 사는 법

생애를 불멸화하는 데 있어서 부고, 찬사, 마지막 말, 그리고 묘석에서까지도 문제가 되는 것은 바로 그 내구성이다. 사실 평균적인 묘석이 오히려 평균적인 과일케이크보다 짧게, 대략 천 년을 견뎌 낸다는 것이 증명되어 왔다. 다행스럽게도 디지털 세상이 이 모든 것을 바꿔 버렸다.

캘리포니아의 묘역인 할리우드 포에버에 가 보라. 이들은 인터넷상에 당신에 대한 찬사를 올림으로써 당신의 영생을 영구히 보장해 준다. 농담이 아니다. 진부하거나 판에 박은 찬사로 도배하는 게 아니라 산뜻한 사진들과 바브라 스트라이샌드가 그 특유의 바이브레이션을 넣어 부르는 〈추억Memories〉과 같은 정말 멋진 배경 음악으로 이루어진 총천연색 전기傳記이다.

이렇게 전문적으로 제작된 영상물은 장례식에서 상영될 뿐만 아니라 멋진 DVD로 제작되어 집으로 돌아가는 문상객들에게도 나누어 준다. 이들 영상물은 할리우드 포에버 묘역에 산재해 있는 수많은 비디오 키오스크에서 키보드만 두드리면 불러낼 수 있다. 그리고 가장 중요한 것은 이런 전기 영화들은 고인이 된 사람이 직접 쓰고, 또 자신이 그 영화의 주인공이 된다는 점이다. 물론 그 주인공이 속세에서의 번거로움을 벗어 던지기 전에 말이다. HFC Hollywood Forever Cemetery 고객들께서는 그렇게 자신의 불멸을 직접 감독하기에 이른다!

이 모든 것으로 인해 제기되는 철학적 질문 하나, 역사를 기록하는 데 있어서 그 의의는 무엇이며 범위는 어디까지인가? 누가 언급되고 누구는 빠지게 되는 건가? 숲에서 죽은 야채 가게 직원 얘기도 기록해야 하나?

철학자 기질의 역사학자 하워드 진은 역사가 오직 왕, 대통령, 장군, 그리고 탐험가들만 다루며 인구의 99퍼센트는 제외해 버렸다고 주장한다. 그의 주요 저서인 《미국 민중사A People's History of the United States》에서 그는 이러한 불균형을 바로잡는다. 즉 가난한 농부들이 과중한 세금과 채무에 불만을 품고 일으킨 '셰이즈 반란'의 참가자 플라우 조거, 로웰 제분소의 해리엇 핸슨 같은 평범한 사람들을 역사에 포함시킨 것이다. 그러니 할리우드 포에버도 결국 역사 기록의 편향성을 바로 잡은 발명품인 셈이다.

살아 있는 사람들의 마음과 은행 계좌에 불멸로 남는 또 한 가지 선택은 돈을 남겨 주는 것이다. 이렇게 하면 당신의 조카딸 티파니가 뱀가죽 구두를 살 때마다 "대릴 아저씨, 고맙기도 해라!", "대릴 아저씨, 돌아가 주셔서 고마워요!"라고 할지도 모르니까 말이다. 어느 경우가 됐든 좌우간 당신의 이름은 남는 거니까. 물론 모든 계약이 그렇듯이 사소한 실수는 불가피하다.

"이봐, 밥. 9개월 전 나와 함께 북쪽으로 낚시 갔을 때 천둥 번개 속에 차가 고장 나는 바람에 그 멋진 과부댁 농장에서 하룻밤 지내게 됐던 거 생각나나?"

"그래."

"그 멋진 과부도 생각나?"

"그래."

"그리고 그녀의 널찍하고 아주 멋진 그 집, 또 우리가 손님방에서 자고 다음 날 아침 차로 다시 북쪽으로 낚시 갔던 거 기억하지?"

"그래."

"그런데 9개월 후에 그녀의 변호사로부터 내게 편지 한 장이 날아왔네."

"어?"

"자네 한밤중에 일어나 그녀 방으로 갔다고 했지?"

"그랬지, 그래."

"그리고 자네 이름 대신 내 이름을 댔다고 했지?"

"미안하네만 그랬다네. 근데 이제 와서 그걸 왜 묻나?"

"그녀가 죽었는데, 내 앞으로 모든 걸 남기고 갔다는군."

당신 뒤에 남은 사람들의 기억 속에 불멸로 남는 비용 대비 가장 효과적인 방법은, 뭐니 뭐니 해도 의심의 여지없이 간결하고도 인상적인 마지막 말을 내뱉는 것이다. 무슨 이유에서인지 사람들은 당신이 파티에서 마티니를 세 잔쯤 마시고 거나해져서 말한 우스개보다, 일반적으로 마지막 말을 더 중시한다. 여기 우리가 항상 즐기는 몇 가지 예가 있다.

나는 막 죽을 참이야, 혹은 나는 죽게 될 거야: 어떤 표현이든 맞다.
_도미니크 부우르, 불어 문법학자, 1702년 사망

LSD 환각제의 일종 100 마이크로그램
_올더스 헉슬리《용감한 신세계》를 쓴 영국 출신 작가가 부인에게 한 말로, 부인이 그에게 LSD를 주사함. 1963년 사망

샤워 커튼을 욕조 안으로 집어 넣어 둬.
_호텔왕 콘래드 힐튼, 1979년 사망

트럭 한 대!

_코미디언 에모 필립의 조부

이렇게 끝내게 하지 마! 내가 뭔가를 말했다고 그들에게 얘기해 줘.
_판초 비야, 멕시코 혁명가, 1923년 사망

한편, 철학자들은 마지막 순간에 왠지 허세가 결핍된 것 같아 보인다.

아스클레피우스에게 수탉 한 마리 빚진 게 있어.
_소크라테스, 모든 시대를 망라해 최고의 철학자, 기원전 399년 사망

난 천국이 아니라 지옥에 가기를 열망해. 지옥에서는 교황, 왕, 그리고 왕
자들과 어울릴 수 있지만, 천국에는 거지, 수도승, 그리고 사도들만 있을
테니까.
_니콜로 마키아벨리, 정치철학자, 1527년 사망

이젠 내가 어둠 속으로 뛸 차례네!
_영국의 철학자, 토마스 홉스, 1679년 사망

허튼 소리 말고 꺼져! 마지막 말이란 충분히 얘기하지 못한 바보들이나 하
는 거야.
_칼 마르크스, 1883년 사망

"그러나 대릴, 아! 자네가 한 번 죽어 버리면 자네에 대한 기억을 살리기 위해서건 혹은 멋지게 기억되기 위해서건 자네가 할 수 있는 일이란 거의 없지. 그나마 괜찮은 건, 어쨌거나 자네가 상처 받을 일은 없을 거라는 거야."

뇌우가 쏟아지는 와중에 한 남자가 사무실을 나와 걷는데, 자 보시라, 바로 앞에 빈 택시가 있다! 그는 택시로 뛰어 올라서는 이런 날씨에 택시를 잡다니 정말 운이 좋다고 기사에게 말한다. 택시 기사는 그를 돌아다보며 "정말 완벽한 타이밍이시네요…… 꼭 셸던처럼"이라고 말한다.

"누구라고요?"

"셸던 쉬바르츠. 이제는 모든 걸 완벽하게 했던 작자가 되고 말았네요. 그는 세상에서 제일 운이 좋았던 작자였습니다. 여태껏 이 지구상에 있었던 인간들 중 가장 완벽에 가까운 치였을 거란 말입니다. 예를 들자면 셸던은 어디를 가든지 간에 항상 문 앞에 주차 자리를 찾아내곤 했지요."

"아아, 이봐요. 과장이 좀 심하신 거 아닌가. 그렇게 운 좋은 사람은 없지"라고 승객이 말한다.

그러자 기사가 말하길, "셸던은 단지 운이 좋았을 뿐만 아니라 놀라운 운동 선수였지요. 그는 아주 쉽게 골프나 테니스 프로가 될 수 있었을 겁니다. 그의 목소리는 또 어땠게요. 플라시도 도밍고도 창피해 오페라를 접을 만큼 멋졌죠! 또 케리 그랜트보다 더 잘생기고 세련됐었죠. 그가 턱시도 입은 모습을 정말로 한 번 보셨어야 하는 건데! 또 그는 굉장한 비즈니스맨이라서 그가 손대는 것마다 황금으로 변할 정도였다니까요. 그리고 정말 카드는 또 얼마나 잘했는데!"

"오, 이봐요. 모두 당신이 지어낸 얘기 같은데?" 승객이 한마디한다.

"아녜요. 내기 만들어 낸 얘기가 아닙니다. 셸던은 다른 재능도 있었어요. 말하자면, 그는 여자들을 항상 기쁘게 하는 법도 알고 있었어요. 또 똑똑하기까지 해서 그가 모르는 것, 고칠 수 없는 거라고는 아무것도 없었지요. 나하고는 전혀 딴판이지요. 내가 휴즈를 갈면 온 동네 전기가 다 나가거든요. 아, 그리고 말은 또 얼마나 잘했는지! 그는 모든 파티에서 활력 그 자체였답니다!"

"와, 정말 믿을 수가 없군요. 그런데 그 셸던이라는 사람을 어떻게 알게 됐나요?" 승객이 묻는다.

그러자 기사는 "그게, 실제로는 그를 본 적이 없어요"라고 실토한다.

"뭐라고요? 그런데 어찌 그리 많이 알고 있는 거요?"라고 승객이 다시 묻는다. 그러자 기사 왈, "그가 죽고 나서, 내가 그의 아내와 결혼했거든요."

"오케이! 대릴, 이제 자네의 불안이 좀 달래졌나?"

"불안을 달래준다고? 더 기가 빠져 처지네!"

"그래? 그거 잘됐네. 이제 영원에 대한 훌륭한 철학들을 좀 더 열심히 다뤄볼 만한 때가 된 것 같군!"

Death· Big D!!!

;

Heidegger and a Hippo Walk Through
those Pearly Gates

제 2 부

영원을 잠시 보여 줄까?

영원한 영혼이라는 게 있나?
그게 어디에 있지?
이베이에서 팔고 있나?

Heidegger
and a Hippo
Walk
Through
those Pearly Gates

영혼의 대부
플라톤 납시오

Heidegger and a Hippo
Walk Through those Pearly Gates

삶과 죽음에 양다리 걸치기

"대릴, 그렇게 뚱한 얼굴 하지 말게나. 어울리지도 않을 뿐더러 그럴 필요도 없어. 왜냐면 굉장한 소식이 있거든! 바로 지금 그 일이 벌어질 거야. 지상에서 영원까지 마음을 혼란시키는 것, 즉 영원은 바로 지금이야! 기본부터 시작하자고. 항상 지금이야. 예를 들자면 바로 지금!

대릴, 자네는 개똥 치우개를 들고 현관을 나서지. 그리고는 애견 빙크스가 끙아를 해 놓은 잔디밭에서 허리를 구부려 뒤처리를 하고, 그걸 이웃집 우편함에 슬쩍 넣고는 이제 다시 현관으로 올라가 버드 라이트를 한

캔 따르는군. 모든 곳에서 늘, '지금'이 자네를 따라 다니지. 이런, 또 지금이다. 혹은 아직도 지금이다. 그리고 항상 지금일 것이다!

자, 영원한 삶이라는 생각이 전혀 새로운 틀 안으로 들어갔지? 말하자면 영원은 바로 지금이야. 자네가 생각했던 죽음 뒤의 그런 영원이 아니고 말이야."

20세기의 중요한 철학자인 루드비히 비트겐슈타인빈 출신 철학자로 생전에 유일하게 간행된 저서 《논리철학 논고》가 있다과 폴 틸리히는 영원한 지금이라는 개념에 흥미로운 관점을 제시했다. 루드비히는 오스트리아의 빈과 영국의 캠브리지에서 그리고 폴은 독일의 프랑크푸르트와 미국 메사추세츠주의 캠브리지에서, 개념들을 발아시키고 전개했다.

실존주의 기독교 신학자였던 틸리히는 미국의 최장수 범죄 드라마 〈법과 질서Law and Order〉처럼, 영원한 삶이란 그렇게 끝이 안 보이게 이어지는 게 아니라고 생각했다. 하이데거와 마찬가지로 틸리히에게도 그런 삶이란 지옥의 이미지와 같다. 오히려 영원이란 매 순간마다 바로 여기에 있으며, 시간에 끼어드는 시간의 차원이다. 영원은 영원한 지금으로 지금 존재한다.

말하자면 바위와는 다르게 인간은 시간을 경시할 수 있으며, 종말을 포함해 큰 그림을 볼 수 있고, 그러므로 불안과 절망을 경험할 수 있다. 그건 참 좋지 않은 소식이다. 그러나 키르케고르처럼 실존주의자인 틸리히는 우리 인간이 그런 불안을 좋은 쪽으로도 볼 수 있는 피조물이라는 사실을 간파했다.

어떻게 그럴 수 있느냐? 바위와 달리 바로 인간은, 단지 부분적으로만 시간 '속에' 존재하기 때문이다. 또한 우리는 한 발을 시간 밖으로 걸치고 사는데, 그렇지 않았다면 우리의 상황을 무시하거나 그 유한성을 보거나 할 수 없을 것이고, 그러므로 죽음의 불안도 경험할 수 없을 것이다. 한 예로 우리는 '수명'이라는 말을 쓰고 그것이 무엇을 의미하는지도 잘 알고 있다.

따라서 틸리히가 말하는 "영원한 삶"이란 찬송가 속에서 말하는 끝없는 삶을 얘기하는 게 아니다. 그것은 영원한 지금 속에서 영위하는 삶을 말한다. 문제는, 우리가 영원한 차원과 두절된다는 점이다.

우리는 그것에서 '유리되어' 절망의 나락으로 떨어진다. 그러나 거기에서도 역시 마찬가지다. 해법은 초월적인 관점을 갖도록 애써야 한다는 것이다. 바로 지금처럼!

틸리히가 도달하게 된 것을 이해하려면 우리가 보통 생각하는 '이전 그리고 이후'라든가, '다음 토요일에 봐' 같은 단선적인 시간을 훌쩍 건너뛰어야만 한다. 대신에 우리는 차원으로써의 시간, 유기적 원리로써의 시간, 즉 시간 그 자체에 관심을 갖도록 노력해야 한다.

도움을 청하기 위해 현시대의 철학자—그의 어머니를 제외한 모든 사람들에게는 우디 앨런으로 알려진—앨런 스튜어트 쾨니히스베르그에게 다시 돌아가 보자. 쾨니히스베르그는 이렇게 말한다.

"시간은 모든 것이 동시에 일어나는 것을 방지하기 위한 자연의 방식이다."

"여기는 영원인데, 서해안은 아직도 이른 아침이군."

아킬레스의 거북이, 끊임없는 '지금'으로 향하다

'시간 밖으로' 뛰어오르는 것을 '시간의 연속이 얽히는' 것으로 착각해서는 안 된다. 〈메멘토 Memonto〉나 〈멀홀랜드 드라이브 Mulholland Drive〉 같은 영화에서는 이야기를 재미있게 서술하는 장치로써 시간의 연속과 얽히기도 하지만 말이다.

시간의 연속을 거꾸로 돌려 나타나게 된 원인과 결과에 관해 그리고 우리의 기억에 관해 흥미로운 질문들을 제기할 수 있다 할지라도, 그것은 여전히 단선적 시간의 구조 속에 머물고 있다. 시간 밖으로 뛰어오르는 것은 시간의 모든 차원을 하나의 차원으로 보는 것이다.

분석철학자 루드비히 요셉 요한 비트겐슈타인을 우디 앨런과 폴 틸리히 옆에 나란히 인용하는 것은 흔하게 있는 일은 아니다. 하지만 지금이 그러기에 좋은 기회인 것 같다. 그는 자신의 중요한 저서 《논리철학 논고 Tractatus Logico-Philosophicus》에서 이렇게 말하고 있다,

> "만약 영원이 무한한 속세의 지속이 아니라 특정한 시간에 한정되지 않음을 의미하는 거라면, 영원한 삶은 현재 속에 살고 있는 사람들에게 속한다."[10]

루드비히가 말하는 "특정의 시간에 한정되지 않음"은, "시간의 차원

밖에 또는 시간의 차원과 따로 떨어져"라는 뜻이다. 우리가 항상 그 안에 존재하는 '지금'은 영구하다. 그것은 시간의 한 '부분'이 아니다. 영원한 삶은 현재 속에 살고 있는 사람들의 것이라는 비트겐슈타인의 결론은 한 때 하버드대학교의 심리학 교수였으나 인도 철학에 심취하여 이제는 영적 전도사로 활동하고 있는 바바 람 다스같은 사람들의 뉴에이지 느낌이 든다. 1970년대 초에는 누구든 환각제 경험 후의 영적 의식에 대한 안내서인 바바의 저서 《지금 여기 있어라 Be Here Now》를 읽었다. 이 책의 제목이 모든 걸 말해 준다. 이 책이 바로 현재 속에 사는 것에 대한 안내서라고.

심리학적으로 그리고 영적으로, 영원한 지금과 닿는 것은 쉽지 않다. 우리는 과거에 집착하거나 미래를 기대하면서 정작 지금 여기에 존재하는 것에는 결코 다다르지 못한다.

동양의 사상가들과 정신적 지도자들은 이러한 어려움에 실질적인 방법으로 접근했다. 그들은 우리가 순간 속에 존재하도록 여러 가지 의식을 고안해냈다. 명상, 요가, 그리고 태극권 등은 모두 마음을 비우고 그저 존재하기 위한 기법들이다.

우리가 '지금'에 시한을 두려고 하면 정말 혼란스러워진다. 아킬레스와 거북의 경주에 관한 역설[11]로 유명한 제논 기원전 그리스의 철학자은 시간이 무한한 부분으로 나누어질 수 있다고 주장했다. 그 말은 물론 '지금'이라는 시간이 길다는 것을 의미하지는 않는다. 영국의 재치 있는 희곡작가 마이클 프레인은 또한 '지금'을 이렇게 말한다.

"아! 지금! 그 기이한 시간. 모든 시간 중에서 가장 기이한 시간. 항상 있는 그 시간…… 우리가 '지금'의 '금'자에 다다른 시간이면, '지'는 이미 고릿적 얘기가 돼 버린다."

다행스럽게도 신뢰할 만한 실용주의자인 19세기 미국 철학자이자 심리학자 윌리엄 제임스 덕택에 '지금'에 대해 좀 더 실질적으로 사고해 볼 수 있다. 그는 '지금'을 "그럴싸한 현재"라고 부른다. 이는 실상 현재는 전혀 존재하지 않는데 우리가 이 하찮은 '지금'이 어떤 내용을 갖고 있으며 어느 정도 지속된다는 잘못된 생각을 갖고 있다는 뜻이다. 그것은 단지 과거가 미래를 만나는 경계선일 뿐이며 둘 중 어느 것도 정말로 존재한다고 말할 수 없고, 적어도 지금은 아니다. 다른 말로 하자면 '지금'은 우리의 시간 경험을 표시하기 위해 사용하는 주관적인 구성 개념이라는 것이다. 이는 철학이 풀어야 할 영원한 숙제들 중의 하나를 제기한다.

'시간 길이의 경험은 경험자가 누구냐에 따라 달라지는가? 특히 경험자 중의 하나가 돼지일 경우라면?'

한 사내가 운전을 하고 가다가 농부가 사과나무 아래에서 돼지를 들어 올리는 것을 보았다. 그 농부가 돼지를 들어 올릴 때마다 그 돼지는 사과를 하나씩 따먹고 있었다. 궁금해진 사내는 차를 세우고 농부에게 대체 무슨 일이냐고 물었다.

농부는 "내 돼지를 먹이고 있지요"라고 대답했다. 차 속의 사내는 "그냥

"다음에는 아무 일도 생기지 않아. 이게 다야."

사과나무를 흔들어서 돼지가 땅에 떨어진 사과를 먹게 하면 시간을 훨씬 절약할 수 있지 않겠소?"라고 말했다. 그러자 농부가 하는 말, "돼지에게 시간은 무슨?"

신비적 경향의 영국 시인 윌리엄 블레이크가 쓴 시이다.

> 모래알 속에서 세상을
> 그리고 야생화 속에서 천국을 보기 위해
> 당신의 손바닥 안에 무한을
> 그리고 한 시간 속에 영원을 간직하라.
> 당신이 기다리는 동안 바지를 다린다.

* 마지막 줄은 그저 농담 삼아 추가한 것임

"이봐들, 이번에는 무슨 소린지 알겠네. 사실 난 찰나적으로 살리라 늘 계획했었지. 그러나 자네들은 철학자가 되려고 하지, 그렇지?"

"뭐랄까, 대릴. 이를테면 한물간 철학도랄까. 근데 요지가 뭐야?"

"그러니까 자네들이 얘기하는 것은, 이 굉장하고 진지한 사상가들 중에 그 어느 누구도 그저 죽음을 쳐다보고 죽음이 빨아 삼킨다고 말하는 작자는 하나도 없다는 거지? 한마디로 단순명료하게 말하자면?"

"자네가 질문을 다 하다니 이상하군. 아무튼 죽음을 수용하는 그 모든 철학적 사고방식―종종 죽음을 탄생에 이르는 당연하고 바람직한 버팀대로 만들면서―그리고 죽음을 좀 더 근사한 조건으로 가는 그저 한 단계쯤으로 만드는 그 모든 신학적, 문화적 패러다임에도 불구하고 삶이 끝나야 한다는 그 진절머리 나는 상황에는 뭔가 신선한 게 있지. 극도로 진절머리 나는 상황에 말이야!"

그러나 그것을, 상상할 수 있는 최악의 편법이라고 여겨 보자. 우리는 죽음이란 단지 두려운 예상에 지나지 않는다는 입장을 취하는 단 한 사람의 철학자나, 세계의 어느 한 종교도 생각해낼 수가 없다. 종교가 이런 태도를 견지한다는 가정은 분명 직관에 어긋나는 일이다. 어떠한 형태이든 화해는 종교가 갖는 호소력의 기본이다. 만약 그들이 우리에게 죽음은 끝이고 우리를 빨아먹는 거라고 얘기한다면, 그들의 사업은 오래 유지될 수 없을 것이다.

그러나 철학자라는 이름으로 진리를 구하는 사람들 중에는 최후를 똑바로 대면하면서 그것에 완전히 질색하는 이가 최소한 한 명은 있을 거라고 생각할 수도 있겠다. 그러나 그렇지가 못하다. 죽음에 분연히 분노하는 것은 시인들만의 몫인 것 같다.

밤으로의 작별에 관대하지 말라
날이 지면 노년은 불타고 노호할지어다.
빛이 꺼짐에 격노하라, 격노하라.
_딜런 토마스

섹스, 마약, 그리고 록큰롤보다 좋은 것?

"자네들 동굴 속에 사나? 죽음은 끝이 아니야, 그건 시작이라고! 자네들은 영혼의 불멸에 대해 들어 본 적이 없나?"

"물론, 대릴. 불멸의 영혼에 대해 들어 봤지. 한 번도 보지는 못했지만. 그뿐만 아니라 어네스트 베커는 영혼의 불멸을 그의 미망 목록의 높은 자리에 놓고 있다네."

그러나 이 생각을 거두기 전에, 영혼이 무엇인가를 확실히 해 두자. 앞으로 이야기를 이어가는 중에 예기치 않은 일이 생기지 않기를 바란다. 예를 들면 우리가 죽고 난 이후에 남는 우리 자신의 일부가 우리가 좋아하지도 않는 그 어떤 부분이라는 것을 알게 된다든가 하는 일 말이다.

고대 그리스에서부터 시작하는 게 좋을 듯하다. 토가고대 로마 시민이 입던 헐렁한 겉옷를 걸친 이 사람들은 영혼 같은 것들에 대해 생각할 시간이 충분했다. (이 사람들이 시시껄렁한 얘기를 하는 동안 저녁 식사를 준비한 사람은 누구였느냐 하는 문제는 페미니스트 윤리에 관한 문제이므로 넘어간다) 그리스인들은 이원론자들dualists인데, 결투자들dueilists과 혼동하지 말도록. 결투자라고 하면 좀 더 로마적이니까 말이다. 그들은 영혼과 육체는 전적으로 다른 두 가지 존재들이라고 생각했다. 그리스의 초기 철학자들 중 한 사람인 탈레스는 간단히 말해 영혼은 "육체를 움직이는 힘"이라고 보았다. 그는 죽은 육체와 살아 있는 육체 사이의 가장 큰 차이 중 하나가 바로, 죽은 육체는 움직이지 않는다는 것, 적어도 표면상으로는 그렇다고 생각했다. 그렇다면 육체가 죽을 때 뭔가가 육체에서 빠져나가는 게 분명하다. 이를테면, 엔진 같은 거?

소크라테스 이전의 여타 철학자들은 죽은 사람들이 더 이상 아무것도 아는 게 없다고 생각했기에 '앎'을 영혼의 기능 중 하나로 추가했다. 또 다른 철학자들은 죽은 사람들이 더 이상 보거나 듣지도 못한다고 생각했기에 '지각'이라는 기능을 또 하나 추가했다.

그러나 영혼에 대해 포괄적인 그림을 그려 낸 것은 바로 플라톤이다. 그는 영혼은 세 부분으로 이루어졌다고 말한다. 바로 이성, 기개(또는 의지), 그리고 욕망 말이다. 이성은 *설명이 필요해?* 그중 최고最高의 자리에 있으며, 미美, 지혜, 그리고 삼각형과 같은 영원한 이데아 또는 형상과 교감할 수 있는 부분이다. 여기서 삼각형이란 이상적인 삼각형, 즉 삼각 '형상'으로, 이 삼각형에서 지상의 불완전한 모든 삼각형들이 삼각형의 자격을 얻게 된다. ······ *대체 무슨 소리냐고 묻지 마시길.*

기개는 영혼의 비이성적 부분 중 하나이지만 욕망보다는 더욱 고상하다. 잘만 이용한다면 기개는 이성 쪽으로 기울어진다. 반면 욕망은 이성에 저항하고, 감각적 욕구로 우리를 끌어내려서 아주 크나큰 문제를 일으킨다.

철학자 우디 앨런은 "영혼은 시와 철학 같은 고상한 열망을 품는 데 반해 육체는 모든 재미를 본다"라고 지적한다. 그러나 플라톤은 욕망이 모든 재미를 보기는 하지만, 그것도 실은 영혼의 일부라고 되받는다. 이것이 플라톤과 앨런, 이 두 철학자들 간의 주요 차이점 중 하나이다.

플라톤에게 영혼의 궁극적 목적이란 그 감각적 성질을 벗고 이데아의 앎을 향해 나아가는 것이다. 불멸은 오직 이성만을 위해 준비되어 있다. 다른 말로 하자면, 삼각형을 묵상하는 것이 섹스, 마약, 그리고 록큰롤을 이긴다는 것이다.

"그가 섹스보다 삼각형을 좋아한다고? 그 사람, 마치 파르테논 신전 없는 도리아식 기둥 같구먼."

"대릴, 이 삼각형을 보기 전까지는 판단을 좀 미뤄주기 바라네. 그건 우리가 흔히 생각하는 그런 삼각형이 아니야. '이상적 삼각형'이라고!"

영혼에 대한 아리스토텔레스의 견해는 약간 달랐지만 결론은 유사했다. 그는 영혼을 다음과 같이 분류했다.

인간이 동식물과 같이 공유하는, 기계적이고 화학적인 변화를 일으키는 "식물적 영혼", 인간이 오직 동물하고만 공유하는 운동을 만들어내고 감각을 경험하게 하는 "동물적 영혼", 그리고 동식물 그 어느 것과도 공유하지 않고 인간만이 보유하는 "이성". 예를 들어 당신이 키우는 고양이와 논리적 사고를 시도해 보라. 아니면 당근하고든.

게다가 아리스토텔레스는 이성을 "수동적 이성(지각)"과 "능동적 이성"(당신이 침실에서 아프로디테를 생각하고 상상하여 시각화하는 것 같은)으로 나누었다. 아리스토텔레스의 생각에 영혼의 불멸 부분은 바로 이 능동적 이성이다.

파우스트 이래 첫 시도입니다! 이베이에 제 영혼을 팝니다

그리스인들이 영혼을 실재로 여겼던 것에 착안한 윌리 스코트는 2008년에 뉴질랜드판 이베이라고 할 수 있는 '트레이드미Trademe'라는 온라인 사이트에 자신의 영혼을 팔려고 시도했다. 물론 자신의 영혼을 판다는 아이디어는 최소한 파우스트만큼 오래된 것이지만 스코트만의 혁신적인 면이라면, 오로지 악마에게만이 아니라 영혼을 팔 수 있는 대량 시장이 있다는 걸 간파했다는 데에 있다. 당시 스코트의 영혼 입찰가는 189달러에 달했다.

여기에는 물론 여러 철학적 문제들이 다루어져야 한다. 우선 판매 당시 스코트의 상태, 즉 영혼의 상태에 대해 경매자들이 어떻게 확신할 수 있느냐의 문제다. (스코트는, 합법적 음주 연령이 된 후에 "한 번 대충 땜질"한 것 말고는 자신의 영혼이 "꽤 괜찮은 편"이라고 주장했다)

그리고 소유권이 스코트에서 구매자에게로 넘어감으로써 어떤 권리들이 바뀌느냐 하는 문제가 있었다. 그의 변호사들은, 스코트의 영혼을 소유한다는 단순한 사실만으로 그를 소유하거나 지배하게 되지는 않는다고 주장했다. 참 기묘한 해석이구면

마지막으로 트레이드미가 영혼과 같은 무형의 그 무언가를 판매하게 할 것인가의 문제가 기다리고 있다. 트레이드미는 영혼의 소유권 증서가 건네지는 것이니 만큼 판매를 허용하겠다는 결론을 내렸다.

"여보, 당신 영혼을 가지러 누가 왔네요."

이베이는 좀 더 회의적이었다. 2001년, 알랜 버틀의 영혼이 입찰가 400달러에 이르렀을 때 이베이는 결국 입찰을 중단했는데, 유형의 실체라곤 아무것도 양도되지 않기 때문이라고 그 이유를 설명했다. "유형"이라는 것을, 이베이는 자사에서 가장 인기리에 팔리는 상품인 빈티지 포켓몬이나 비니 바비스속을 콩 종류 같은 것으로 채운 동물 인형 컬렉션 따위로 보았던 것이다.

고대 이스라엘에서는 영혼의 불멸에 관한 문제가 제기되지 않았다. 그리스인들과는 달리 헤브라이인들은, 인간이 영혼과 육체라는 두 부분으로 나뉘어 있다고 보지 않았다. 헤브라이 경전은 영혼을 전인全人으로 보았다. 인간이 영혼이나 육체를 갖고 있는 것이 아니라 인간이 곧 영혼이고, 인간이 곧 육체인 것이다.[12] 그렇다면 죽은 육체와 살아 있는 육체 사이의 차이가 뭐냐고 물을 것이다. 경전은 그에 대해 분명한 답을 내리지 않았다. 그러나 이를테면 전기가 남아 있는 배터리와 다 쓴 배터리의 차이 같은 게 아닐까. 다 쓴 배터리는 어느 한 부분이 없어진 것이 아니라 그저 생기를 잃은 것이다. 즉 '생명'이 없는 것이다.

"나는 너를 위한 모든 것, 육체 그리고…… 그 무엇이 됐든 간에."

〈육체와 영혼〉이라는 재즈 클래식 작품을 작곡한 서정시인 에드워드 헤이먼은 역설적이게도 헤브라이 종파에 속했다. 헤이먼의 랍비가 이 작곡가에게, 그 제목은 잘못되었으니 〈육체와 육체〉로 바꾸어야 한다고 지적했다는 소문이 있었지 아마.

신약 성서도 같은 얘기를 한다. "너의 영혼을 잃는" 것은 그저 너의 생명을 잃는 것이다. 또한 "온 세상을 얻고도 그의 영혼을 잃는다면 그것이 무슨 소용인가?"[13] 라는 말은 그저 "온 세상을 얻고도 그의 생명을 잃는다면 그것이 무슨 소용인가?" 라는 말이다.

신약 성서를 말 그대로 해석하자면, 그것은 "온 세상을 얻는 것" vs "영혼을 잃는 것"에 대한 비용 대비 이익 분석 같아 보인다. 평가에 관한 모든 문제에서 그렇듯, 그것은 평가자에 달려 있다.

> 어느 날 밤, 한 변호사가 잠에서 깨어 보니 침실이 온통 붉은 빛으로 휩싸여 있고 유황 같은 고약한 악취가 코를 찔렀다. 살펴보니 침대 끝에는 한눈에 사탄임을 알아 볼 수 있는 누군가가 서 있었다.
>
> 사탄은 미소를 지으며 말했다. "존스 씨, 당신이 원하신다면 일찍이 보지 못한 부와 당신이 원하는 모든 여자들, 거기에 더해서 명예와 장수까지도 줄 수 있답니다. 어때요?"
>
> 변호사는 눈을 가늘게 뜨며 물었다. "무슨 꿍꿍이지?"
>
> 사탄은 "그 모든 것의 대가로, 당신의 불멸의 영혼을 가져갈 생각입니다"라고 대답했다.
>
> 그러자 변호사 왈, "그러니까, 진짜 꿍꿍이가 뭐냐고?"

고대 인도 철학에서의 아트만atman, 즉 자아는 그리스인들이 영혼이란 개념에 포함시켰던 대부분의 기능을 모두 초월한다. 실제로 그리스인들이 생각한 영혼의 총체였던 사고, 감정 등이 인도의 현자들에게는 비록 신비체神秘體, 오감으로는 식별할 수 없는 초감각적 세계에 존재하는 몸의 총칭라곤 하지만, 여하튼 육체로 여겨졌다. 그러나 그리스인과 인도인의 생각에 있어 가장 큰 차이는 이것이 아니다. 힌두 현자들에게 있어 자아란, 할리 데이비슨 오토바이나 파나마 모자처럼 우리가 개인적으로 소유하고 있는 그 무언가가 아니다. 힌두인이 핫도그를 파는 사람에게 '모든 것'으로 만든 핫도그를 만들어 달라고 말하는 고대 우화에서처럼, 자아란 우주의 모든 것 속에 퍼져 있는 우주적인 요소이다.

플라톤과 아리스토텔레스 두 사람 모두 우리의 개별적 이성의 기저에 자리하고 있는 보편적 이성에 대해 말했지만, 또한 죽은 후에 남는 개별적 영혼이라는 생각도 견지했다. 이와는 대조적으로 인도인의 사고에서—힌두교, 불교, 그리고 자이나교인도의 무신론 계통의 종교—불멸이 된다는 것은 우리의 개별성을 초월해 '생과 사의 수레바퀴에서 내리는 것'이다.

"오, 그래? 그러면 환생은 뭐야? 난 늘 그게 참 괜찮은 거라고 생각했는데. 말하자면 내가 나폴레옹이었고, 그리고 대릴이었고, 또 다음에는 토끼가 될지 모르고."

"자네만 그렇게 생각하는 건 아니야, 대릴. 서구의 많은 사람들도 환생이 동양판 영혼의 불멸이라고 생각하지. 그러나 인도에서는 결코 그렇지 않아!"

우선 서양에서 환생이라는 생각을 갖게 만든 원천인 불교도들은 영혼을 믿지도 않는다. 그들이 생각하는 환생의 개념은 한 촛불에서 또 다른 촛불로 지나가는 것과 같다. 그 과정에서 자아가 옮겨가는 일은 없다. 왜냐면 옮길 자아라는 게 없기 때문이다.

두 번째로, 환생은 존재하기 위해서만 쇠하는 것이 아니다. 물론 우리의 신비체는 계속 길을 이어 가고 있지만 아직도, 여전히, 그 옛적 그 똑같은 자갈길 위를 가고 있다. 환생은 우리의 진정한 우주적 자아실현의 도정에서 우리의 정신이 그저 또 한 차례의 고투와 정화를 겪는 것일 뿐이다. 그 우주적 자아실현에 도달하기 위해 우리는 수없는 죽음과 환생의 자갈길에서 행진해야만 하고, 우주적 자아와 합일되어야 하고, 그리고 영원히 비포장도로를 달릴 차에 올라타야 한다.

사실 환생은 카르마karma, 업보 원리의 한 확장일 뿐이다. 사악한 사람은 이승에서 그리고 저승에서 악이 되고, 선한 사람은 이승과 저승에서 선이 된다. 그러나 우리가 내세에서 무엇이 되든, 그것을 보상이나 처벌로 여겨서는 안 된다. 환생의 목적은 우리에게 진화할 기회를 주는 데 있다.

데카르트, 정신을 두뇌 안에서 빼내다

한 골퍼가 지역의 공공 골프장에서 한 라운드를 돌며 친구에게 물었다.
"자네는 환생을 믿나?"
그러자 친구가 대답했다.
"그야 물론, 믿지."

"그렇다면 자네는 이 세상에 무엇으로 다시 태어나고 싶나?"

"나는 레즈비언으로 다시 태어나기를 원하네."

"뭐라고? 왜?"

"좀 더 짧은 티tee에서 치고 싶긴 한데, 여자들과의 잠자리도 포기할 수 없거든."

그러나 우리들 중에는 잘못된 방향으로 가고 있는 이들도 있다.《가루다 푸라나Garuda Purana》힌두 원전에 의하면, 브라민힌두교 승려을 죽인 살인자는 결핵 환자로 다시 태어나게 된다. 안됐네, 브라민 살해자 양반. 암소를 죽인 사람도 별반 나을 게 없다. 남녀 불문하고 곱사등이 바보로 환생한다. 햄버거를 먹을 때마다 이걸 꼭 명심하도록.

뉴에이지 추종자들은 환생에서 좀 더 이국적인 면을 보려 했다. '환생역'이라는 웹사이트에서는 당신이 다시 태어난다면 무엇이 될 것인지를 알려 주는 짤막한 퀴즈가 제공된다. 어떤 유명인으로 다시 태어나고 싶은가를 말하는 게 아니라 누군가는 정말로 귀여운 판다panda가 되고, 또 누군가는 쥐로 태어나는 것을 말한다.

소크라테스 이전의 철학자들과 플라톤, 그리고 아리스토텔레스가 묘사한 영혼의 기능들 중에 많은 것들은 오늘날 우리가 정신의 기능이라고 부르는 것들이다(운동, 앎, 지각, 욕망, 의지, 추론 등). 사실 영혼을 의미하는 그리스어는 '사이키psyche'로, 우리가 '정신'이라는 의미로 사용하는 단어이다. 심리학은 사이키에 대한 현대적 연구로, 영혼에 대한 학문이 아니라 정신에 대한 학문이다.

그렇다면 서구인들이 말하는 '정신'이란 무슨 뜻일까? 불멸이라는 문제에 어떤 실마리를 제공하는 것일까? 예를 들자면 그것은 우리의 두개골에 자리 잡고 있는 신체의 그 부분, 즉 두뇌하고는 어떻게 다른 것일까?

만약 영혼이 바로 정신이고 정신이 바로 두뇌라면 바로 이 불멸과 연결된다. 중환자실에서 자주 들을 수 있는 표현, '뇌사'라는 말이 그것을 증명한다.

근대 서양 철학의 아버지인 르네 데카르트17세기 프랑스의 철학자이자 수학자, 물리학자는 정신과 물질(두뇌를 포함한)이 상이한 규칙을 갖고 상이한 영역을 차지하고 있는, 공통점이라곤 전혀 없는 아주 상이한 두 종류의 존재라는 이원론적인 견해를 제시했다. 그러나 이런 견해는 하나의 물음을 야기한다. 만약 이 둘이 다소간이라도 겹치지 않는다면—즉 만약 이들이 각각 자신의 분리된 영역에서 존재한다면—물질이 어떻게 정신에 변화를 일으키고, 정신이 물질적 세계에 어떻게 변화를 불러일으킬 수가 있을까? 예를 들면 우리는 물질적인 대상들을 지각하고, 우리의 '의지'로 우리 신체의 부분들을 움직이게 만드는 것처럼 보인다. 그리고 또한 우리의 사고방식에 큰 변화를 야기할 수 있는 어떤 화학적 물질의 작용이라는 것도 있다. 말하자면, "거울 넥타이를 한 점토로 만든 짐꾼들의 시선" 같은 것 말이다. 비틀즈의 노래 〈Lucy in the sky with diamond〉에 나오는 가사로, 현실과는 다른 세계로 이끄는 것을 비유하고 있다.

우주적 자아를 구현하는 데 있어 단점은?

"제가 생각하기에 평온이란, 한 계절에서 다른 계절로
넘어가는 것과 꽤나 비슷한 것 같은데요?"

정신은 뭐지?

걱정 말아. No matter, 단어 그대로는 물질이 아니라는 뜻이 되므로, 실제의 의미와 괴리하고

있는 데에 착안한 말장난이다.

육체는 뭐지?

신경 쓸 것 없어. Never Mind, 마찬가지로 단어 그대로는 정신이 아니라는 뜻이 된다.

그래서 육체와 정신 사이의 관계가 정확히 뭐라는 건가?

또 다른 17세기의 철학자, 독일의 이성주의자인 고트프리드 빌헬름 폰 라이프니츠는, 정신과 물질은 정말이지 서로 잘 맞지 않는다고 주장했다. 이 둘은 마치 시간은 똑같이 맞추어 놓았지만 따로 움직이는 시계들처럼 평행하게 작동한다는 것이다. 각각 자신의 고유 영역에서 나아가고, 한쪽에서 생긴 변화는 단지 다른 한쪽의 변화와 연관될 뿐이다. 왜냐하면 이러한 조화는 하나님에 의해 예정된 것이기 때문이다. 라이프니츠, 알려 줘서 고마워. 하지만 당신은 아마도 한동안은 마음을 바꾸게 하는 물질들을 가만 내버려 두고 싶을지도 모르겠네.

19세기 영국의 다윈주의자인 T. H. 헉슬리동물학자로 다윈의 진화론 보급에 큰 영향을 끼쳤다에 의하면, 정신은 단지 육체적 기능들의 부작용으로 땅 위에 생기는 그림자 같은 "부수현상"이다. 부수현상론자들은 물리적 뇌의 상태가 정신 상태에 변화를 야기할 수 있다고 말했지만, 정신 상태는 아무것도 야기할 수 없다. 심지어 다른 정신 상태조차. 따라서 우리의 육체가—뇌까지 포함해—자기 일을 하는 동안, 우리의 정신은 그저 그림을 보

여 줄 뿐이다.

20세기 영국 철학자인 길버트 라일을 포함한 '논리적 행동주의자들' 은 여기서 한 발 더 나아갔다. 라일은, 정신과 육체는 두 종류의 상이한 존재들이라는 데카르트의 견해를 비웃었다. 라일은 그런 생각을 "기계 속의 유령"이라고 불렀다. 그는, 사실 정신은 전혀 독립체가 아닌데 데카르트 때문에 이 유령이 어떤 종류의 독립체인지를 정의하기 위해 우리는 수세기 동안 우회하게 되었다고 주장했다.

정신을 가지고 있다는 것은 무엇을 소유한다는 게 아니다. 그것은 다만 어떤 능력과 성향을 갖는다는 의미이다. 우리는 믿음과 욕망 같은 정신 상태가 우리의 행위를 야기한다고 생각하면서 움직인다. 실상 어떤 방식으로 행동하게 만드는 성향이 우리를 행위하게 하는 것이고, 우리의 정신 상태는 단지 이러한 성향을 반영할 뿐이다. 이렇게 보면 불멸인 게 아무것도 없는 것 같다. 불멸의 능력과 성향을 상상하기는 어렵다. 우리들 다수는 불멸의 정신이나 불멸의 영혼을 상상하기가 쉽지 않다는 걸 알고 있다. 하지만 누가 알아?

컴퓨터의 발전으로 정신/육체 논쟁에 흥미로운 질문들이 제기되기 시작했다. 컴퓨터 과학 창시자 중의 한 사람이자, 2차 세계 대전 중 영국의 암호 해독자로 명성을 떨쳤던 A. M. 튜링은 이런 질문을 던졌다. 즉 스탠리 큐브릭 감독에 의해 영화화된《2001 스페이스 오디세이A Space Odyssey, 1968년 아서 클라크의 과학 소설》에서의 할처럼 작품 속의 할은 우주선에 탑승한 컴퓨터로, 반란을 일으키는 인물이다 커다란 컴퓨터가 우리를 기만하며 마치 인간처럼 여겨질 정도가 된다는 게 이론적으로 정말 가능할까라는 식이었다. 만약 우리가 할에게 기만당한다면 이는 우리의 행위를 결정짓는 데 있어 우리의 정신 상태가 작용하는 역할—또는 작용하지 않는 역할—에 대해 무엇을 함축하는 것일까? 아마도 할의 경우처럼 우리의 행위는 정교한 프로그래밍에 의한 것일 뿐, 우리가 정신적으로 지배한다는 생각은 단지 미망이 된다. 불교 명상가들과 환각제 실험자들은 우리의 정신은 항상 우리 행위에서 반 발짝 뒤쳐져 있으면서 영구히 따라 잡으려 하고 있다는 사실을 깨달았다.

좀비가 등장하자 정신의 문제는 다시 복잡해지는군

만약 정신 상태가 아무것도 야기하지 않는다면, 정신의 창작물은 대체 어디에서 오는 것일까? 우리의 모든 창작물은 그저 우리 두뇌 배선의 출력물이란 말인가? 만약 그렇다면 정교한 컴퓨터 시스템이 일류급 농담을 창안해낼 수 있을까?

프로그래머들은 에든버러대학의 슈퍼컴퓨터에게 이러한 시도를 해보았다. 아래의 예는 그 컴퓨터가 내놓은 개그이다. 탄복할 정도로 유쾌한 농담을 5등급으로 나눈다면, 어떤 점수를?

질문 "도덕적 강단moral fiber을 가진 살인자는?"

정답 "시리얼 킬러Cereal killer."

fiber를 섬유질로 받아 연쇄serial 킬러와 발음이 같은 곡물이라는 뜻의 시리얼cereal 킬러로 답하고 있다.

(물론 '새터데이 나잇 라이브Saturday Night Live' 보다는 중학교 식당에서나 더 어울릴 농담이지만, 가끔 당신은 더 심각한 수준이지 않나?)

정신/육체에 관한 논의는 오늘날까지 계속되면서 점점 첨예화하고 복잡해지긴 했지만, 그래도 그 기본적인 표현은 바뀌지 않았다. 정신은 두뇌의 '신경 전기적' 자극과는 다른 것이라고 주장하는 다양한 종류의 이원론자들이 여전히 존재한다. 그리고 정신 상태는 신경 상태와 똑같다고 주장하는 물리주의자들도 있다. 또 이 문제에 대해 기본적으로 중립을 취하는, 그야말로 도움이라곤 안 되는 기능주의자들도 있다.

'대체 정신이란 무엇인가?'에 대한 논의가 철학에 던진 한 가지 재미있는 물음은 소위 '좀비 문제'이다. 그것은 특히 죽음과 관계된다. 좀비에 대해서는 좀 알지?

두뇌에 대해, 그리고 그것이 전기적으로 어떻게 작용하는가에 대해 설명하고 나면 더 이상은 아무것도 없다고 말하는 물리주의자들에게는, 이 좀비 문제가 하나의 도전이 된다. 우리의 '정신' 작용—감각, 사고, 의도 즉, 知情意—은 모두 물리학 원리에 달려 있으며 우리의 모든 '정신의 변화'는 물리적, 신경전기적 원인의 결과이다.

20세기 미국 철학자 솔 크립키는 물리주의자들에게 궁극적인 질문을 제기한다. 신神이 순전히 물리학 원리에 의해 작동되는, 우리의 세상과 아주 똑같아 보이는 어떤 세상을 만든다고 상상해 보자. 그 창조주는 인간의 의식을 위해 만들어야 할 게 더 있을까?

루드비히 비트겐슈타인은 이렇게 표현했다. "내가 나의 팔을 든다는 사실로부터 나의 팔이 올라간다는 사실을 제하고 나면 무엇이 남을까?"[14] (당신은 아마도 이 말을 두 번쯤 읽고 곰곰이 새겨봐야 할 것이다. 우리도 그랬다)

좀비론자들을 끼어들게 하자. 좀비들이란 추측컨대, 의식 없는 인간이면서 온 사방을 휘젓고 다니며 인간들이 하는 일은 모두 하는 것처럼 보인다. 그러니 만약 좀비가 존재한다면 물리주의는 가능하지 않게 된다. 왜냐면 물리주의가 사실이라면 좀비는 의식을 가질 것이기 때문이다.

그러나 잠깐, 좀비는 존재하지 않을지도 모른다. (개인적으로 우리는 좀비를 본 적이 없다. 아주 지루한 칵테일파티 좀비는 칵테일의 일종이라는 의미도 있다 에는 몇 번 갔었지만)

좀 교묘한 좀비론자들은 괜찮다고 말한다. 만약 좀비들이 존재하는 게 가능하다고 해도, 물리주의에 이의를 제기하기에는 충분하다. 그래서 좀비론자들은 있음직한 시나리오들을 번뜩 생각해낸다.

현대 영국 철학자 로버트 커크에 의하면, 감각 신경과 운동 신경 두 가지를 모두 차단시키는 마이크로 릴리푸티안 영국의 풍자 작가 조나단 스위프트의 《걸리버 여행기》에 나오는 소인국 릴리푸트 사람 을 걸리버 머리 안에 넣는 것을 생각

좀비들이 시트콤 "프렌즈"가 방송되고 있다는 걸 깨달았을 때,
그들은 이미 거실을 반쯤 건너고 있었다.

해 볼 수 있다. 이들 좁쌀만 한 좀팽이들은 이제 걸리버의 두뇌 안에서 모든 입력을 받아서는 그의 근육들에게로 신호를 보낸다. 관찰자들에게는 걸리버가 그냥 평소의 걸리버로 보이겠지만 그에게는 의식이 없다. 결과적으로 그는 좀비가 된 것이다. 그래서 커크가 말하길, 이러한 시나리오를 생각해 볼 수 있기 때문에 의식이란 단지 물리적 입력과는 다른 무엇임에 틀림없다는 것이다.

그러나 잠깐! 하고 물리주의자들이 아우성이다. 생각해 볼 수 있다는 것은 가능하다는 것하고는 같은 말이 아니란다. 당신이 그런 식의 나노 릴리푸티안을 생각해 볼 수 있다고 해서 세상에 그들이 진짜로 존재한다는 뜻은 아니니까 말이다. 이쯤 되면 논쟁을 이어가기가 힘에 부친다. 우리의 정신이—또는 두뇌, 어느 단어가 됐든 당신이 원하는 대로—그만 딱 멈춰 버리고 만다.

"와우! 드디어 뭔가를 알아냈네. 철학자들이란 조그마한 디즈니 캐릭터들을 생각해 내는 것 말고는 딱히 할 게 없군."

"물론이야, 대릴. 하지만 그들은 그것들을 생각해 낸 다음에, 아주 재미있는 질문들을 했지."

"그래, 아마도 디즈니 캐릭터에겐 재미있겠지. 어쨌든 난, 영혼이란 정신과는 다른 어떤 것이라고 생각해. 이를테면 더 깊은 것이랄까. 만약 내가 어떤 사람을 영혼이 담긴 사람이라고 말할 때는 그의 정신에 대한 걸 얘기하는 게 전혀 아니야. 아레사 프랭클린 미국의 가수이자 작곡가, 피아니스트 은 소울의 여왕이지, 정신의 여왕이 아니고. 바비큐한 소울 음식 미국 남부 흑인들의 전통 음식이 그 어떤 마인드 음식기억력과 정신적 기민함을 향상시키는 두뇌에 좋은 음식보다 당기는 것처럼. (난 여기서 산화 방지제를 떠올렸지)

아, 한 가지 더. 영혼이란 도덕적으로 좋든가 나쁘든가란 말이지. 좋은 정신은 단지 평면 기하학에 능하거나 프랑스어에서 줄줄이 A를 맞지만, 좋은 영혼을 가진 사람이란 전혀 다른 얘기야. 자네의 고통을 함께 느끼는 사람을 말하지. 이를테면 그 사람은 통하는 사람이란 거야. 제대로 이해하겠어?"

"훌륭한 생각이네, 대릴. 그리고 20세기 심리학자이자 심리요법 철학자인 오토 랭크도 같은 생각이었지."

오토 랭크는, 영혼과 정신을 동일시하는 현대의 시각은 빗나가도 한참 빗나간 것이라고 말한다. 그에 의하면 원시 시대에는 "영혼"이 "생명력"을 의미했다. 그리고 이 생명력, 혹은 마나mana, 자연계에 내재하며 그곳에서 발현하여 우주의 질서를 유지하는 초자연력는 모든 곳, 모든 것에 있다.

사람은 그냥 사람이고 아이들도 동굴 주위에서 일을 거들던 그 옛날에는 죽음에 대한 불안이 그 섬뜩한 고개를 들지 않았는데, 왜냐면 이 우주적 생명력은 불멸이었기 때문이다. 그 힘이 우리에게 있었을 뿐만 아니라 우리 자신이 그 영원한 힘의 일부였기 때문이다.

그러나 곧 생명력은 개인적 의지력이라는 개념과 함께 뒤섞여 버렸고, 한 번 그렇게 되고 나자 어떤 사람들의 의지가 다른 사람들의 의지를 꺾어버릴 수 있음을 알게 되는 건 단지 시간문제일 뿐이었다. 이것은 다른 사람들의 생명을 위협하는 일이었고, 생명력이라는 개념으로 꽁꽁 싸인

의지력은 어떤 제한을 받게 되면 죽음에 대한 불안하고 초조한 상태가 되어 버렸다. 다른 말로 하자면, 자신들의 뜻이 부서질 수도 있다는 가능성이 그들의 영혼을 부서지게 만드는 위험을 야기했던 것이다. 마나에 평등하게 접속할 수 있었던, 아! 그 순수하고 행복한 시절이여, 그만 안녕히.

그러나 그 어떤 개인의 의지보다도 훨씬 강력한 것은 부족의 의지였고, 그래서 사람들은 자신의 개인적 의지를 그들의 집단과 친족의 의지에 연결시켰다. 이런 변화는 기막히게 멋진 가외의 이득을 안겨주었다. 즉 각 개인은 부족의 일원이고 부족은 불멸이므로, 개인들도 불멸을 얻을 수가 있다는 공식이 성립되었다.

랭크에 의하면, 대략 성서의 시기에 부족들의 이러한 집단 의지는 더 초월적인 존재─일신론의 신─로까지 투사되었고, 바로 그때 지옥이 모두 풀려 나오게 되었다. 이제 개인적인 의지를 표현한다는 것은 반항적으로 여겨졌고, 죄와 죄의식이라는 개념들도 생겨났다. (집단과 동일시함으로써 얻는 혜택들 중에 하나는, 집단은 죄의식이 없고, 혹 있다 할지라도 그것이 아주 근사하게 희석된다는 점이다)

개인의 죄라는 개념과 함께 죽음에의 불안이라는 우울이 다시 찾아왔다. 나쁜 의지 = 나쁜 영혼 = 나쁜 생명력. 사도 바울은 "죄 값은 죽음이다"라고 말했는데, 바로 이러한 표현 덕택에 그는 자신의 주변에 간결하고 함축적인 사람으로 알려져 있다.

랭크 교수는 유대인이었지만 기독교의 '자기 투항적'인 사랑이 죽음의 불안에 대한 하나의 치유가 될 수 있다고 보았다. 그 이유는 그러한 사랑은 죽음보다 앞질러서 자신을 산화散華시킴으로써 죽음에게 한 방 먹이기 때문이라는 것이다. 그러나 랭크는 이런 자기 투항이 대부분의 연인들에게는 사랑의 확장이라는 것을 알았기에, 예술가들에게서 그 단서를 찾아볼 것을 제안했다. 즉 그는 죽음의 불안에 관해 믿을 만한 의견들을 전하는 데에는 예술가들이 매우 중요하다고 보았다.

일견 재미없는 작업 습관에도 불구하고, 제임스 조이스는 오토의 영적인 예술가들 목록에서 확실히 높은 자리를 차지하고 있었다.

소크라테스가 주장하는 영혼의 불멸을 따라서

"자, 이제 자네가 '영혼'이라고 생각하는 것과 좀 비슷한가, 대릴?"

"아, 그래. 그러나 나는 자기 투항적인, 그렇게 좋은 사람 축에는 들지 못하는 인간이라네. 요새 그런 사람이 어디 있겠나? 그리고 그 예술 치유라는 것도 내게는 그리 썩 와 닿지 않네. 예술에 대해서는 많이 알고 있지만 내가 뭘 좋아하는지는 모르겠어. 내가 알고 싶은 것은 내 영혼, 혹은 의지 또는 그 뭐가 됐든지 간에, 그게 영원히 살 수 있느냐는 거야. 내 인생의 현시점에, 내 몸에 무슨 일이 생기는 것은 별로 괘념치 않아. 나는 그저 나의 '나'가 불멸이기를 바랄 뿐이야."

"알겠네, 대릴. 그것에 대해 물었었지. 그러니 다시 아테네의 그 황금

제임스 조이스의 냉장고

할 일
1. 은행에 전화하기
2. 드라이클리닝 맡기기
3. 내 종족의 미창조된 양심을
   내 영혼의 대장간에서 단련하기
4. 모친에게 전화하기

시절로 돌아가 보세."

플라톤은 그의 대화록 여러 편에서 영혼의 불멸을 '입증했다.' 그중에 가장 잘 알려진 것은 《메노Meno》의 대화편으로 여기에서 소크라테스는 한 사람이 태어나기 전에 그 영혼은 이미 존재했음을 예를 들어 설명하고 있다.

흥미롭게도 대부분의 사람들은 태어나기 전의 영원한 삶의 가능성에는 별 관심이 없다. 아마도 그때 영원한 삶이 있었다 해도 그걸 기억하지 못하기 때문이리라.

바로 이 점은 '만약 영혼이 불멸이라면 우리 사후의 의식이란 어떤 것일까'라는 그 오랜 질문에 대해 새로운 조망을 하게 한다. 우리는 지상에서의 의식을 기억할 수 있을까? 만약 그렇지 못하다면, 불멸에 대해 떠드는 게 무슨 소용이란 말인가? '나임Me-ness'이 계속 이어지지 않는다면, 지금이 됐든 혹은 그 때가 됐든 상관할 바 뭐란 말인가? 또는 달리 말하자면, 어느 쪽의 '나'가 됐든 간에 왜 우리가 거기에 상관해야 하는가?

어찌됐든, 태어나기 전의 불멸을 소크라테스는 이렇게 입증한다.

교육도 받지 못한 무식한 노예 소년들 중의 하나가 기하학을 공부한 적이 전혀 없었는데도 불구하고 피타고라스의 정리를 이해했다. 따라서 그는 그것을 "기억하고" 있는 게 틀림없다. (모두들 그 피타고라스의 정리를 기억할 것이다—임의의 직각삼각형에서 빗변을 한 변으로 하는 정사각형의 넓이는 다른 두 변을 각각 한 변으로 하는 정사각형의 넓이의 합과 같다) 뭐라고? 우리가 태어나기 전은 고사하고, 학생 시절 배운 것도 겨우 기억할까 말까인데.

소크라테스는 그 소년이 자신의 정신 깊숙한 그 어느 곳에 잠자고 있던 그 공식을 "발견"하도록 다만 "인도했을" 뿐이라고 주장한다. 땅바닥에 막대기로 그려 가면서 '인도하고 있는' 소크라테스를 보자.

소크라테스: 애야, 이 같은 형태가 사각형이라는 걸 넌 알고 있느냐?

소년: 예, 압니다.

소크라테스: 그리고 사각형은 이렇게 똑같이 네 개의 선을 갖고 있다는 것을 아느냐?

소년: 물론입니다.

소크라테스: 이 사각형의 가운데를 뚫고 그린 이 선들도 또한 같다는 것을 아느냐?

소년: 예.

소년에게서 한마디씩의 답을 얻어내며 대단원에 이르게 될 때까지, 소크라테스는 계속 이런 식으로 진행해 나간다.

소크라테스: (메노에게) 메노, 내가 소년에게 아무것도 가르치지 않았고, 단지 질문만 하는 걸 보았나? 그리고 이제 그는 8평방피트의 형태를 만들기 위해 한 선의 길이가 얼마가 되는지를 알고 싶어 하게 된다네. 아니 그런가?[15]

소크라테스가 보기에 이것은 그 소년이 이미 알고 있었던 것을 회상하는 증거이고, 따라서 불멸의 정신이 존재하는 것이다. 평면 기하학 수업에서 A를 맞는다는 게 불멸의 정신이지.

그러나 현대의 교육자들에게 이는 분명히 소크라테스가 일련의 질의응답을 통한 그의 지도법을 사용해 그 소년에게 피타고라스 정리를 가르치고 있는 것처럼 보인다.

한 부부가 중국어 강좌에 등록했다.
"중국에 가실 예정이세요?"
강사가 물었다.
"아, 아니요."
남편이 대답했다.
"우리는 중국 아기를 입양했답니다. 그래서 그 아기가 말을 시작할 때가 되면 무슨 말을 하는지 우리가 이해할 수 있도록 중국어를 배워 두려고요."

적어도 소크라테스의 주장은 여기에서 기억이란 실제로 무엇이고 어떻게 작동하는지에 대한 질문을 제기한다. 답은 바로 '불가사의하게' 이다.

기억력 테스트를 받기 위해 세 노인이 의사를 찾았다. 의사가 첫 번째 노인에게 물었다.
"3 곱하기 3은 몇이죠?"

노인은 "285!"라고 대답했다.

걱정스런 표정의 의사가 두 번째 노인에게 물었다.

"어르신은 어떠세요? 3곱하기 3은?"

"어, 월요일."

두 번째 노인이 대답했다. 의사는 더욱더 근심스러운 표정으로 세 번째 노인에게 다가가 물었다.

"자, 어떻게 생각하세요? 3곱하기 3은 몇이죠?"

"아홉!"

세 번째 노인이 대답하자 의사가 기쁨의 탄성을 질렀다.

"훌륭하세요! 어떻게 답을 아셨죠?"

"아, 그야 쉽지. 월요일에서 그냥 285를 빼면 돼."

플라톤은 《공화국 The Republic》에서 또 다른 미심쩍은 논쟁을 제기한다. 이번에는 영혼의 불멸성을 '입증하는' 것인데, 당시에는 제기할 수 없었던 '영원한 과일 케이크 수수께끼' 즉 파괴할 수 없는 무생물이 대상인 경우이다. 퓰리처상을 수상한 미국 작가 데이브 베리와 TV쇼 사회자이자 코미디언인 쟈니 카슨 같은 권위자들이 이 수수께끼를 거들었다.

베리: "과일 케이크는 선물로 아주 이상적인데, 왜냐하면 우정국이 이걸 훼손할 방법을 찾을 수가 없었기 때문이다."

카슨: "미국에는 실제 단 한 가지 과일 케이크 밖에 없는데, 이것은 해마다 각 가정에서 가정으로 전달되기 때문이다."

따라서 질문은 여전히 남는다. 과일 케이크는 불멸인가?
"대릴, 이제 좀 더 불멸하는 것처럼 느껴지나?"
"농담하나? 플라톤이라는 양반이야말로 과일 케이크 같군."

천국,
죽어도 좋을 경관

Heidegger and a Hippo
Walk Through those Pearly Gates

할리우드가 들려주는 마시멜로 같은 천국 이야기

"그래, 이 범생이들아! 무덤에서 지껄여 대는 죽은 철학자들은 이제 그 정도면 됐어! 자네들은 어떤지 모르지만, 난 매일 밤 잠들기 전에 천국에 가게 해 달라고 하나님께 기도한다네. 왜 있잖아, '잠든 채 죽게 된다면' 같은. 자, 그러니 천국에 대해 좀 들려주게나, 응?"

"알겠네. 우리도 인정하네, 대릴. 가끔 이 심오한 사고, 날카롭기 그지 없는 철학 같은 것들은 정말 사람들이 실제 믿는 것과는 완전하게 동떨어진 것 같아서, 그 모든 얼빠지고 모자란 철학자들과 신학자들에게 이렇게 외치고 싶다네. '좀 진지해 봐!'"

미국의 모든 신자들 그리고 비신자들을 망라한 폭넓은 조사에 의하면, 대다수의 사람들은 사후에 어떤 종류가 됐든 삶이 있다고 믿으며 모든 사람에게는 영혼이 있고 천국과 지옥이 실제로 있다고 믿는다는 게 밝혀졌다. (물론 이 결과 중 어느 것도 프로이트나 베커에게는 놀라운 일이 아니다)

무려 81%의 응답자들은 어떤 종류든 사후 세계를 믿으며, 단지 약간 적은 수―79%―의 사람들만이 "신앙인이든 아니든 모든 사람은 영생하는 영혼을 갖고 있다"라는 말에 동의했다. 그럼 천국에 대해서는? 76%는 천국을 믿는다고 답했고, 그보다 약 5% 적은 수의 사람들은 지옥을 믿는다고 답했다.[16] 그 긍정적인 5%의 사람들이 맘에 드는군. 어떤 종류의 천국을 생각하느냐에 관해서는 "영원한 존재의 상태(신과 함께하는)" 혹은 "단지 상징적" 등 구체적이지 못했는데, 이 두 경우 모두 우리가 보기에는 놀라울 정도로 철학적이다.

게다가 미국인들 중 무려 30%가 천국은 "사후에 영혼이 가는 곳으로 휴식과 보상이 있는 실제의 장소"라는 말에 동의했다. 이 "실제의 장소"라고 말한 사람들이 바로 우리의 상상력을 자극하는 집단이다. 비록 미국 전체 인구의 채 삼분의 일에도 못 미치는 집단임에도 불구하고, 이들이야말로 바로 나머지 우리 같은 사람들을 위해 시각적 이미지를 가진 천국이라는 무대를 만들어 주는 사람들이다. 천국은 어떻게 장식되어 있고, 거기에서 당신은 어떤 모습으로 누구를 만나 볼 수 있으며, 당신의 시간―무한한―을 어떻게 소일하고, 또 누가 설거지를 하는지 등.

문자 그대로의 천국을 진정으로 믿는 사람들은 다이안 키튼_{미국의 여배우}

이자 감독, 제작자 감독의 할리우드 다큐멘터리 〈천국Heaven〉을 보고 큰 타격

을 받는다. 이 영화는 복음주의자들의 설교, 턱수염을 기른 뉴에이지 예

언자들의 거들먹거림, 그리고 할리우드라는 천국의 구름 위에서 춤추고

사랑에 빠지는 사람들의 흑백 기록 필름과 함께 하는 성실한 일반인들의

독백을 보여 준다. 이 영화가 은근슬쩍 말하고자 하는 바는 바로, '우리가

더 잘 알아'이다.

공식적으로 키튼이 인터뷰한 대부분의 사람들이 천국은 도시―한 성

서 학자는 신예루살렘이 뉴욕시의 5천 배에 달한다고 말한다―라고 믿는

데, 즉 거리는 황금이나 크리스털로 되어 있고, 나무는 울창하며, 새들이

지저귀고, 또 천사들 그리고 당신이 사랑했고 또 당신을 사랑했던 사람들

이 있는 그런 도시이다. 한 젊은이는 천국은 모두가 순백색이고 마시멜로

처럼 흐물흐물하며, 실제로 그곳에서의 식사는 온통 마시멜로로 되어 있

다고 믿는다.

종종 보석과 광물질로 지은 저택들은 도시 경관 속에서 두드러지게 눈

에 띈다. (한 설교자는 그 집들은 모두 무료로 빌려주므로 쫓겨날 염려도 없

다고 강조한다) 대부분의 사람들은 천국에서의 삶에는 고통이 없고, 거주

자들은 나이를 먹지 않으며 또 살찔 염려도 없이 기름진 음식을 맘껏 먹

을 수 있다고 확신한다. 천국에서의 성性 역할에 대해서는 인터뷰 대상자

들의 견해가 양분되는데, 절반의 사람들이 천국의 거주자들은 성을 초월

한다고 생각하고, 나머지 반은 그 멋진 천국에서의 오르가즘이 지축을 흔

들 만큼 굉장하다고 생각한다. 천국에 사는 사람들의 혈관에는 피가 없으며 벽을 관통해 걸을 수 있다고 믿는 사람들이 많지만, 그럼에도 불구하고 거주자들이 지상에서의 모습과 아주 똑같은 모습이라는 데에는 일반적으로 동의한다.

성경이 들려주는 전용 리조트 같은 천국 이야기

최종 목적지로써의 천국은 성경 속에서 온갖 영광스런 모습으로 나타난다. 그렇지? 그런데, 그건 누구한테 물어보느냐에 따라 다르지.

우선 현대 성서학자들에서부터 시작해 보자. 여기서 '현대'라는 말은 막 대학원 문을 나온 소위 똑똑하고 잘나간다는, 제 잘난 맛에 사는 괴짜 같은 작자들을 말하는 게 아니라, 지난 이 백여 년간의 주류 성서 학자들을 뜻한다. 이 학자들에 의하면, 헤브라이 성서 속에 나타나는 "천국"의 주된 의미는 단순히 "궁창穹蒼, firmament"이다. 그 위의 물과, 그 아래의 땅과 물 사이에 있는 투명한 돔.[17]

"그 위의 물이라고? 대체 그게 뭐야? 일종의 전용 해변 리조트를 말하는 건가? 내가 뭘 잘못 들은 거야?"

"대릴, 그건 말이지, 그 구약 사람들이 우주를 보는 방식이랄까 뭐 그런 거야. 그들에게는 하늘이, 그 높은 곳에 있는 사후 세계가 마치 수프 같아 보였던 거야. 그 당시에는 망원경이 없었다는 것을 잊지 말게."

그들에게 있어 궁창은 바로 태양, 달, 별과 새들, 그리고 신이 주로 시간을 보내는 곳이었다. 그러나 중요한 것은 고대 헤브라이인들에게는 궁창은 말할 것도 없고, 사후 세계라는 개념이 없었다는 것이다. 예언자 다니엘은 정의로운 자들과 사악한 자들에 관해 다른 의미로 "영생의 삶"을 얘기하고 있지만 그것은 안식의 땅,[18] 즉 낙원같이 어딘가 다른 곳에서의 삶의 지속이라기보다는 부활―삶으로의 회귀―이라는 의미의 틀에서 사용되고 있다. 따라서 아직은 천국의 기미조차 나타나지 않은 시절이었다.

신약에서 낙원에 관한 대부분의 언급은 "천상의 왕국"에 관한 것인데, 천상의 왕국이 곧 천국은 아니다. 자, 그럼 다시 한 번 정리해 보자. 천상의 왕국은 신의 왕국을 완곡하게 표현한 것인데, 원래 유대인들인 초기 기독교인들은 신의 이름이란 너무나도 신성해서 감히 입 밖에 낼 수가 없었기 때문에 천상의 왕국이라는 표현을 쓰기 시작했다.[19] 천상의 왕국은 장소라기보다는 '이생의 끝'인 미래의 시간, 즉 신의 뜻이 온 우주에 퍼질 때를 의미한다. 바로 그렇기 때문에 기독교인들이 "너의 왕국이 도래하노니, 네가 다 이룰지어다"라고 기도하는 것이다. 예수는 바로 그 시간이 다가왔다고, 아주 가까이 다가왔노라고 설교했으며, 몇몇 경우 이미 그때가 도래했다고 믿는 것처럼 들렸다.

모더니스트들은 예수의 죽음 뒤에야, 즉 사도들이 예수가 여전히 살아 있다는 의미로 받아들인 자신들의 심오한 영적 경험을 가지게 되었을 때에서야 비로소 보편적 부활에 대한 완벽한 형태의 기독교적 개념이 생겨나게 되었다고 주장한다. 그러나 부활에 있어서조차, 죽음에서 '천국으로 가는' 것은 개별적 인간이 아니다. 그것은 '역사의 종말'에서 즉시 탈바꿈하게 될 '모든 선택 받은 자'들이다. 마찬가지로, '울부짖고 이를 가는' 타오르는 불꽃으로 가득한 용광로에 대한 예수의 묘사도 사후의 지옥을 말한다기보다는 역사의 종말, 즉 신의 왕국에서 사악한 자들이 추방되는 그 때를 말한다.

"이러니, 대릴, 자네가 죽어서 천국(혹은 지옥)으로 갈 것을 대비해 뭔가를 미리 준비한다 해도, 그리 편안한 여행이 될 거라고는 생각되지 않네. '비록 여벌의 속옷을 챙기기는 하지만, 나는 사후 세계를 믿지는 않는다'라고 말한 우디 앨런처럼."

그러나 당신이 원하는 것이 말 그대로 희망이라면, 전통적인 기독교 성서 논평가들을 찾아 보자. 그들에 의하면, 성경 속에는 우리가 죽으면 배치될 문자 그대로의 천국 또는 지옥을 가리키는 무수한 구절들이 담겨 있다. 예를 들면 헤브라이 성서는 황천에 대해 말하고 있는데, 그곳은 벌 받는 장소라기보다는 지겨움의 장소로 묘사되어 있다.[20] 죽은 혼령들을 위한 지하 세계, 대략 하데스 Hades, 그리스 신화에서 죽은 자들의 나라와 같은 것으로 보인다. 전통주의자들 또한 죽음 직후 천국에서의 삶을 말하는 예수를 복음서에서 인용하고 있다. 누가의 묘사에서 예수는 자신과 함께 십자가에 못 박힌 죄인들 중 한 명에게, "'오늘' 너는 나와 함께 낙원에 있을 지어다"라고 말한다.

그 말은 아주 분명한 시간과 장소를 말하는 것처럼 보인다. "사후 세계는 있지만, 그게 대체 어디서 영위되는 건지는 아무도 모를 것이다"라는 앨런 씨의 두려움도 누그러뜨려 줄 것 같다.

이와는 대조적으로 현대 성서학자들은, 예수가 죽은 자들을 위한 임시 주차장 같은 것에 관심을 가졌을 수도 있지만 훨씬 더 관심을 가졌던 것은 천국보다는 신의 치세治世의 도래와 역사의 종말에서 그의 치세 하에 우리가 '영원한 삶'을 누리는 것이라 말했다.

어쨌든 전통주의자들은 요한 묵시록에서 천국 같은 이미지의 노다지를 찾게 된다. 파트모스에서 요한에게 나타난 환상 속 신예루살렘은 성벽은 벽옥碧玉으로 되어 있고, 도시는 순금처럼 순수했으며 유리처럼 맑았다. 초석들은 보석으로 장식되어 있고 램프도 필요 없는데, 이는 바로 신이 그 도시의 빛이기 때문이다. 또한 전통주의자들이 "불과 유황으로 가득 찬" 지옥에 대한 모습을 알게 되는 것도 바로 이 요한 묵시록에서이다. 비록 이 모든 것들이 역사의 종말에 나타나는 환상들임을 요한이 분명히 말하고는 있지만, 전통적 논평가들은 이 이미지들을 천국 또는 지옥에서의 사후 세계로 보길 좋아한다.

현대 성서학자들은 보수주의자들에게 그들이 말하는 것들의 출처를 점검해 보라고 제안할지도 모른다. 파트모스에서의 요한이 환상을 보며 섬에 혈혈단신으로 있었다는 것을.

흥미롭게도 당면한 천국이라는 생각과는 조화되기 힘듦에도 불구하고, 전통주의자들은 역사의 종말에서 새로운 시대의 새벽에 대한 바울의 묘사를 이해한다. 바울은 "예수님 안에서 죽은 자들이 맨 처음 일어날 것이다. 그리고 살아 있는 우리들, 남겨진 우리들은 하늘에서 주님을 만나기 위해 구름 속에서 그들과 함께 하게 될 것이다. 그리고 우리는 주님과 영원히 함께 할 것이다"[21] 라고 말한다. 보수적인 기독교인들이 "황홀경"이라고 별칭한 "최후"는, 팀 라헤이와 제리 B. 젠킨스의 공동 집필작으로 엄청난 인기를 누린《남겨진 자들》연작 시리즈 총 16권으로 이어지는 베스트셀러 소설로, 기독교 신의 섭리에 의한 최후를 다루고 있다.《남겨진 자들》은 그중 한 작품의 제목이다 의 주제이기도 하다.

웹사이트가 제공하는 연회비 40달러짜리 천국 이야기

황홀경 속으로 올라가리라고 기대하는 사람들과 그렇지 못한 친구, 친척들을 걱정하는 사람들을 위한 서비스를 제공하는 새로운 웹사이트가 생겼다. 가입자들은 연회비(첫 해에 40달러)를 내면 메시지를 올릴 수가 있는데, 이 메시지는 황홀경 6일 후에 그들이 사랑하는 사람들에게 발송된다. 가입 회원들은 자신이 사랑하는 사람이 회개하고 예수를 받아들일 수 있을지 최소한 6일 동안은 지켜보며 기다린다.

"우리의 목적은, 버려진 사람들이 인생에서 처음으로 그리고 마지막으로 그 말을 듣고 싶을지도 모르는 그 때에, 그 메시지를 들을 수 있게 하는 데 있다."

파트모스의 '호펄롱'

Hopalong, 일련의 대중적 이야기와 소설에 등장하며
용맹성, 공정성을 구현하는 카우보이

"그만하면 하루에 필요한 충분한 양의
페요테라고 생각하네."

peyote, 선인장에서 채취한 마약

그런데 www.youvebeenleftbehind.com의 직원들이 모두 황홀경 속으로 '올라가' 버리면 어쩌지? 그건 걱정할 필요가 없다. 그 회사는 당신을 잘 챙길 것이다. 미국 전역에 흩어져 있는 다섯 명의 전체 직원 중 세 명이 삼 일 이상 로그인하지 않으면 자동으로 시스템이 경고 상태에 돌입하게 된다니 말이다. 짐작컨대, 다섯 명 중 세 명이 된 것은 다섯 명 중 두 명이라는 것보다 좀 더 엄격한 규칙으로 보이려는 생각에서였을 것이다. 그리고 누군가가 잘못해서 시스템을 작동시킬 경우에는 이메일이 자동으로 발송되기 전에 또 삼 일간의 대기 시간이 주어진다고 한다. 흥, 정말 완벽하게 대비하고 있군.

자, 이거야말로 귀를 쫑긋 세울 이야기_천국의 문을 통과하는 기준!

천국이 존재한다고 믿는 사람들 대다수는 또한 자신들이 쉽사리 천국의 문을 통과하리라 믿는다. 43%의 사람들이 "자신의 죄를 고백했으며 예수 그리스도를 자신의 구원자로 받아들였기" 때문에 자격이 있다고 믿으며, 15%는 자신들이 "십계명을 준수하려고 노력했기" 때문에 자격이 있다고 믿고, 또 다른 15%는 자신들이 "기본적으로 좋은 사람들이기" 때문에 스스로의 자격을 의심치 않는다. 마지막으로, 6%의 자신감 넘치는 그룹은 "신이 모든 사람들을 사랑하고 그들을 죽게 내버려 두지는 않을 것이기” 때문에 자신들도 충분히 그 문을 통과할 것이라고 믿는다.

성경에 나와 있는 통과 기준―천국 또는 영생으로의 입장이 가능한 지―을 보자면, 역시나 또 누구에게 묻느냐에 따라 달라진다. 헤브라이 성서를 보면 보수주의자들은 율법에 강조점을 두고 있다. “너의 부모를 공경하라. 네 이웃의 아내를 탐하지 말라. 보르시치러시아나 폴란드인들이 즐겨 먹는 수프의 일종를 먹고 홍합 마리나라토마토·마늘·향신료로 만든 이탈리아 소스를 먹지 말라.”

진보적인 사람들은 압도적으로 예언서들에 나와 있는 정의를 선호한 다. 예언자들의 훈계는 율법처럼 구체적이지는 않지만 일부 사람들에 의 할 것 같으면 그대로 지키기에는 율법보다 더 어렵다고 한다. 예언자 미 카가 그것들을 요약한 바는 이렇다. “정의를 행하고, 친절을 베풀라. 그리 고 너의 신과 함께 겸허히 걷는 것 말고 주께서 너희에게 무엇을 요구하 시더냐?”[22]

신약에서 전통주의자들은 예수와 바울이 했던 엄격한 지시들을 강조 하고 있는데―예를 들면 “이혼하지 말라” 같은―반면 진보주의자들은 예수와 바울 모두 율법을 문자 그대로가 아닌 그 정신에 입각할 것에 훨 씬 더 관심을 가지고 있다고 지적한다. 한 예로, 1세기의 한 율법학자가 영생으로 이르는 길을 물었을 때, 예수는 그에게 온 마음과 영혼과 정신 을 다해 신을 사랑하고, 그 이웃을 자신처럼 사랑하라고 말한다.[23] 즉 해 서는 안 될 것들은 절대 해서는 안 된다는 얘기다.

그 모든 것들보다 더한 건, 예수께서 어딘가에서 말씀하시길, 우리는

어제 이 자리에서 나는
세상이 끝날 것이라고 예언했다.
그러나 그렇게 되지 않았다.
이로 인해 야기된 불편에 대해
유감스럽게 생각하는 바이다.

절대 어떤 식으로든 그 누구도 평가해서는 안 된다 하셨으니. 뭐라고? 게이들의 결혼 금지도 안 된다고? 예수님, "기독교적 라이프스타일"에 대해 진정 아무것도 모르시나요?

  '율법의 문구 vs 정신의 중요성'에 대한 이해를 돕기 위해 이 여성의 태도를 점검해 보자.

  전화를 받고 한 경관이 어느 아파트에 도착해 보니, 한 구의 시체와 피에 젖은 5번 아이언을 들고 그 시체를 바라보고 있는 여인이 있었다. 경관이 물었다.
  "부인, 당신의 남편인가요?"
  "그래요."
  그녀가 대답했다.
  "그 골프 클럽으로 그를 쳤나요?"
  경관이 다시 물었다.
  "네, 제가 그랬어요."
  "몇 번이나 치신 겁니까?"
  그녀가 대답하길,
  "모르겠어요········ 다섯 번, 여섯 번, 아마 일곱 번······ 그냥 다섯 번이라고 적어 두세요."

  가끔씩 자신만만하고 늠름한 바울은 영원한 삶이란, 하고 많은 것들 중에 하필이면 "재능"이라고 말한다. 우리는 그걸 얻을 재간이 없네! 통과 기준에 대해서는 이제 그만 이야기하자.

그럼에도 불구하고 기독교 교파는 종종, 마치 신성한 기록 카드가 있어서 우리들 중의 오직 일부만 지역 주임 사제의 목록에 오르는 것처럼 얘기한다. 그리고 많은 기독교인들은 천국 문의 수문장인 성 베드로가 마치 최신 유행 클럽의 도어맨처럼 입장 기준을 정해 놓고, 신청자에게 날카로운 질의응답을 진행한다고 믿는다.

한 남자가 죽고 나서 심판을 받으러 간다. 성 베드로는 정문에서 그를 맞으며 말한다.

"자네가 신을 만나기 전에, 이것만은 꼭 말해 줘야 한다고 생각했다네. 우리가 자네의 삶을 조사해 보았는데, 자네는 특별히 좋다거나 나쁘다거나 할 만한 게 없었어. 자네를 어떻게 해야 할지 정말 모르겠네. 무엇이든 간에 우리가 결정하는 데 도움이 될 만한 것을 얘기해 줄 수 있겠나?"

그 신청자는 잠시 생각하더니 이렇게 대답한다.

"아, 한 번은 내가 운전을 하고 있는데 일단의 오토바이족들에게 괴롭힘을 당하고 있는 여인을 보게 되었습니다. 그래서 나는 차를 한쪽으로 세우고 나서 타이어를 빼내는 쇠 지렛대를 꺼내 들고 그 오토바이족의 리더에게 갔습니다. 그는 코걸이를 하고 온몸에 문신을 한 장대하고 근육질인 털북숭이 사내였습니다. 난 그의 코걸이를 잡아 뜯고는 그와 그 무리들에게 그 여인을 그만 괴롭히라며, 만약 그러지 않으면 내게 혼날 줄 알라고 으름장을 놓았습니다."

"참 감동적이군. 그런데 그 일이 벌어진 게 언제였나?"

성 베드로가 물었다.

"약 2분 전이었습니다."

보다시피, 성 베드로의 심층 인터뷰 테크닉은 중요한 통과 데이터를 만들어 낸다.

천국이 가득 차게 되자, 성 베드로는 죽던 날이 정말로 불행했던 사람들만을 받아들이기로 결정했다. 이러한 새로운 방침이 시행되는 첫날 아침에, 성 베드로는 대열의 맨 앞에 있는 남자에게 물었다.

"당신이 죽은 날에 대해 얘기 좀 해 보게나."

그러자 그 남자가 말했다.

"아, 정말 끔찍한 날이었습니다. 내 아내가 외도를 한다는 걸 확신하고 있던 차에, 현장을 잡기 위해 그 날은 일찍 집에 돌아왔습니다. 온 아파트를 샅샅이 뒤졌지만 그 어디에서도 아내의 정부를 찾아낼 수가 없었습니다. 그래서 마지막으로 발코니로 나가 봤는데, 바로 거기에서 난간 끝에 매달려 있는 그 자식을 발견한 겁니다. 그래서 안으로 들어가 망치를 가지고 와서 그 작자의 손을 쳐대기 시작했고, 결국 그 작자는 발코니에서 떨어졌습니다. 그런데 풀 더미 위로 떨어지는 바람에 죽지 않았던 겁니다. 그래서 나는 다시 안으로 들어가 냉장고를 들고 와 그걸 발코니 아래로 밀어 버렸습니다. 냉장고가 그 작자를 깔아 뭉개 버렸죠. 그런데 그 냉장고를 들어 올리느라 갑자기 심장에 무리가 왔고 저 또한 죽게 된 겁니다."

정말 끔찍한 날일뿐만 아니라 격정으로 인한 범죄라는 점을 인정해 성 베드로는 그를 천국에 입장시켰다. 그리고 다음번 대기자에게도 그의 마지막 날에 대해 물었다.

"제기랄, 정말 지독한 날이었습니다. 내 아파트 발코니에서 에어로빅을 하다 그만 난간에서 미끄러졌습니다. 다행히도 아래층 발코니를 겨우 붙잡고 매달려 있었는데, 갑자기 어떤 미친놈이 나타나서는 망치로 내 손을 두들겨 대기 시작했습니다! 그래서 아래로 떨어졌는데, 풀숲에 내려 앉는 바람에 목숨을 건졌습니다. 그런데 그때 그 녀석이 다시 나타나더니 글쎄, 내게 냉장고를 던지더라고요! 그걸로 끝이었죠!"

성 베드로는 혼자 싱긋이 웃고는 그를 천국으로 들여보냈다. 그리고는 세 번째 남자에게 "당신이 죽은 날에 대해 얘기 좀 해봐"라고 말했다.

"좋습니다, 좋아요. 한 번 상상해 보십시오. 발가벗은 채로, 냉장고에 숨어 있다 죽은 꼴을요."

그 둘은 결코 만나지 못 하리

천국은 호의에 근거해서 판단한다. 만약 업적으로 판단한다면, 당신은 밖에 서 있고, 당신의 개가 들어가게 될 것이다.

_마크 트웨인

천국과 지옥의 개념은 종교의 종파만이 아니라 세속의 문화에 의해서도 정의된다.

천국 거주자인 앙드레가 지옥에 살고 있는 옛 친구 피에르를 방문하기 위해 허가를 얻었다. 사탄이 몸소 앙드레를 친구인 피에르의 개인 스위트룸으로 안내했다. 피에르는 그곳에서 멋진 나체의 여인을 무릎에 앉힌 채로 2인용 안락의자에 앉아 있었다. 그의 옆 테이블에는 오되브르hors d'oeuvre, 전채 요리를 뜻하는 프랑스어 접시가 있었고, 그의 손에는 샴페인 잔이 들려 있었다. 앙드레는 그의 눈을 믿을 수가 없었다. 그는 "이게 지옥이야?"라고 외쳤다.

피에르는 "그게, 그래"라며 한숨을 내쉬고는 말했다.

"여자는 바로 내 첫 번째 아내야. 치즈는 벨기에산이고. 그리고 이 '샴페인'은 진짜도 아니야. 그건 캘리포니아산이라고!"

그런데 진주 문Pearly Gates, 즉 천국 문의 성 베드로라는 말은 어디서 나온 것일까? 마태복음에서 예수는 "천국의 열쇠"를 베드로에게 주고 있다고 말한다. 아마도 이는 새로운 시대로 나아가는 데 있어서 베드로가 중추적인 역할을 하게 됨을 의미하는 듯하다. 그 역할이라는 게, 문이 달린 공동체의 입구에서 목록을 점검하는 것보다는 막연해 보이지만 어쨌거나, 문지기로서의 성 베드로를 만나게 되는 곳이 바로 거기다.

요한 묵시록에서 신예루살렘에 대한 요한의 환시 중 하나, "그 도시에는 12개의 성문이 있고, 각각의 성문은 '한 개의 진주'였다." 이걸 모두 종합해 보면, 진주 문에 있는 성 베드로가 된다.

나에게 좀 더 가까운 천국을 제공할 수 있는 종교를 찾습니다

종교를 선택할 때 마음속에 새겨야 할 한 가지 기준은, 그 종교에서 말하는 특정한 사후 세계가 어디에 있는가이다. 정토淨土의 불교를 생각해 보라. 단지 명상만으로 열반이라는 무無의 경지에 이른다는 것이 진리가 퇴락해가는 우리의 타락한 시대에는 매우 어렵다는 생각에 기초해, 아미타불에 대한 헌신을 통해 도달할 수 있는 천상의 부처 영토라는 전망vision을 제시한다. 삶의 종점에 다다르게 되면 이러한 아름다운 영토로 건너가 그곳에서 열반에 이르는 것이 훨씬 수월하다는 것을 알게 될 것이다.

《관무량수경觀無量壽經, Sutra of Visualization》에서 부처는 우리가 부처 영토의 전망에 다다를 수 있는 방법에 대해 말한다. 무아지경無我之境에서 우리는 7가지 보석으로 만든 꽃과 잎사귀로 치장된 거대한 나무를 볼 수 있다. 청금석으로 만들어진 것들은 황금빛을 발한다. 바위처럼 단단한 수정 꽃들은 진홍색 빛을, 에메랄드 색 잎들은 사파이어 빛을, 사파이어 색 잎들은 펄이 들어간 녹색 빛을 발한다. 마치 프리즘 속에 들어가 있는 듯하다. 진주로 된 그물망들이 그 나무를 뒤덮고 있다. 그물망들 사이에는 50억 개의 꽃의 궁전들이 있고, 각각의 꽃의 궁전 안에는 50억 개의 소원 성취 보석들로 치장한 천상의 아이들이 있다. (스티븐 스필버그도 그 이상의 진가를 발휘할 수 없을걸. 우리는 자연스런 생성으로 그 50억 개의 꽃의 궁전들을 운영했어. 스티브, 자네는 30개 정도의 꽃의 궁전으로 만족해야 할 것 같군. 안됐네)

이슬람의 낙원도 이국적이긴 마찬가지다. 코란에 의하면 그곳에 다다른 사람들은 "보석으로 된 소파에 얼굴을 맞대고 비스듬히 기대어 누워 있고, 대접과 물 항아리 그리고 최고의 포도주 한 잔(그들의 골치를 아프게 하지도 않고 이성을 잃게도 하지 않는)을 준비한 불멸의 젊은이들이 그들을 기다리고 있다. 또한 그들이 고른 과일과 그들이 좋아하는 가금류 고기도 있다. 마치 몰래 숨겨 놓은 진주처럼 순결한 짙은 눈동자의 요정들도 그들의 차지이다. 그들의 행위에 대한 보상으로…… 우리는 그 순결한 요정을 만들어서 상석에 앉은 자들의 사랑스런 친구로 삼았다……." [24]

그 유명한 72명의 순결한 요정들은 코란에는 언급되어 있지 않은데, 그 연원은 길고도 복잡하다. 《하디스 Hadith, 마호메트의 언행록》의 기록에 의하면, 그 이야기를 한 사람은 그것을 다른 사람에게서 들었고, 또 그 다른 사람은 직접 마호메트가 말하는 것을 들었다는 또 다른 사람에게서 들었다고 한다.

마호메트가 말하길, "천국의 사람들에게 내리는 최소한의 보상은 8만여 명의 하인과 72명의 처녀들이 있는 거처이니라." [25]

"이슬람 종교 지도자들이 보기에는 이런 정도가 그저 '미약한' 것이었으니 정확히 72명이냐는 데에 농장을 걸고 내기를 할 필요까진 없을 것 같네, 대릴. 게다가 우리에게는 사회보장제도가 있긴 하지만 72명의 처녀는 좀 과한 것 같지? 자, 그러나 8만 명의 하인이라, 그건 좀 다른 문제로군."

종교적 전통으로 이어져 내려온 천국의 전망이 그 전통의 보편적 정신을 반영하고 있는 것은 어찌 보면 당연하다. 예를 들어 힌두교에 나타난 그 다층적 천국의 수많은 층들 중 어느 것도 '낙원'은 아니다. 수많은 층들은 우리의 진정한 목표, 즉 모든 존재의 초월에 이르고자 하는 도정이다. 우리의 카르마에 의해 예정된 대로 우리가 통과해야 하는, 단지 점점 더 정교화 되어 가는 정화의 단계일 뿐이다.

이와는 대조적으로 공자는, 공경 받는 조상들이 거하는 곳으로서의 천국을 수용하기는 했지만 전적으로 천국에 대해 숙고하지는 않았으며, 올바른 관계라는 그의 실천적 도덕에서 잠시 머리를 식히게 해 주는 것쯤으로 생각했다. 그러나 종교적 전통의 정신을 반영하는 천국의 전망으로써 가장 우리 맘에 드는 것은 황금 방패로 만든 지붕이 있는, 죽은 전사들의 궁전 발할라를 둘러싼 북구의 신화이다. 세상을 하직한 전사들은 멧돼지 고기를 먹어 대고 염소젖으로 만든 술을 들이키며 매일 잔치판을 벌인다. 그들의 주요 소일거리는 서로 두들겨 패는 것인데, 말하자면 천국판 '최후의 결투'라고나 할까.

예술가가 보여 주는 파스텔톤 천국 이야기

우리는 예술가가 있음을 하늘에 감사해야 한다. 아니면 말을 바꾸어, 천국을 준 예술가에게 감사하거나. 우리가 아는 천국, 엄청난 생산 가치를 지닌 그 천국을 우리에게 안겨 준 것은 바로 작업복을 걸친 사내들이다.

천국에 대해 현재 우리가 갖고 있는 이미지의 대부분은 중세와 르네상스기의 회화들에서 연원한다. 16세기 초의 회화 〈성삼위 제위The Holy Trinity Enshrined〉는 그의 후원자인 스코틀랜드의 제임스 4세(그의 래퍼 친구들에겐 MJ4로 불리는)의 대가로 알려진 화가의 작품이다. 이 그림에서 우리는 천국과 지속적으로 관련되는 특징을 보게 된다. 천국은 구름 위의 하늘에 떠 있는데 이는 바로 '위'를 뜻하며, 그 방향은 물론 당신이 지구 상의 어디에 서 있느냐에 달려 있다(당신이 지구는 평평하다고 주장하는 사람이 아닌 이상).

천국에 대한 수많은 개념 중에 구름은 항상 눈에 띈다. 천국에서는 사람들이 구름 위에 서 있기도 하지만, 대부분은 성긴 구름 위를 산책하는 모습으로 그려진다. 게다가 천국은 극도의 부드러운 파스텔 색조로 장식되는데, 천국을 그리기에 원색은 확실히 야한 느낌이 있다. 그리고 마지막으로 한 번 더 붓질을 가하면 MJ4의 신성한 대상들 주위로 무지개의 기미가 감돌게 된다. 천국에는 비가 내리는 날도 없는 것 같은데 무지개는 참 많기도 하다.

또 하나, 그리스 출신의 16세기 후반의 화가인 도메니코스 테오토코폴로스(제2의 조국인 스페인에서 그는 엘 그레코라는 별명을 쓰게 되는데, 왜냐면 그게 쓰기에 훨씬 용이하다고 생각했기 때문이란다)의 〈오르가즈백작의 매장 The Burial of the Count of Orgaz〉을 보자. 이 그림에서는 천국의 옅은 색깔이 거의 투명에 가까운 흰색으로 희미해졌을 뿐만 아니라, 천국을 나타내는 끈질긴 두 가지의 추가적 특징이 출현한다.

의상과 관련해서는 확연하게 토가와 성가대의 흰색 예복이 등장한다. (천국은 기회 균등의 공동체이므로 학교 교복과 마찬가지인 공통의 토가/성가대 예복은 부유층들이 하층민들에게 과시할 수 없다) 후광과 날개는 일반 대중들에게는 아직 선택 사항이었던 듯하다. 마지막으로 영공에는 중력을 거역하는 사랑스런 존재들, 천동天童과 날개 달린 천사들이 북적대며 만원을 이루고 있다. 르네상스 시대에 이런 사랑스런 존재들이 회화 속에 대거 등장하면서, 황금 리라와 하프가 최신 유행 액세서리가 되었다. 하프와 더불어 여기저기서 천상의 성가대 또는 소프라노가 묘사되는 것을 볼 수 있다.

많은 예술사학자들은 에덴동산—즉 지상의 천국—의 묘사를 천국의 풍경에 대한 실마리로 본다. 그것은 천국을 그저 옮겨 놓기만 한 것임에도 우리의 세속적인 감각에 쉽게 잘 들어맞는다.

15세기 네덜란드의 화가 히에로니무스 보슈가 그린 에덴동산을 보자. (본명은 Jeroen Anthonissen van Aken이며 그가 이름을 바꾼 이유는 새 이름인 Hieronymus가 쓰기에 더 어렵기 때문이었단다) 그의 유명한 세 폭짜리 그림인 〈세속적 쾌락의 정원 The Garden of Earthly Delights〉의 왼쪽 조각, 즉 "낙원" 혹은 "에덴동산"으로 불리기도 하는 이 그림에서 H. B는 이 천국의 몇 가지 원칙을 보여 준다. 그곳은 전원이며, 녹색이 무성하고, 또 사랑스럽고 '인간 친화적인' 생물들이 북적거리는 곳이다. 따기 쉽고 섬유질이 풍부한 수많은 과일들이 넘쳐나는 평화스런 왕국이다. 이 모습은 다음과 같은 이야기를 생각나게 한다.

알과 베티는 둘 다 83살로 60년이나 같이 해로한 부부이다. 비록 부와는 거리가 멀지만 동전 한 푼까지 아끼며 잘 지내왔고, 둘 다 모두 아주 건강한 편인데 이는 모두 베티가 건강식을 고집해 온 덕분이었다.

그런데 그들이 65회 고등학교 동창회에 가는 도중 비행기가 추락하는 사고가 생겼고, 그들은 동창회가 아닌 천국엘 가게 되었다. 진주 문 앞에서 성 베드로가 그들을 맞이했고, 아름다운 저택으로 안내했다.

그 저택은 황금과 비단으로 장식되었고, 냉장고는 음식으로 꽉 차 있었으며, 욕실에는 폭포까지 구비되어 있었다. 하녀가 그들이 좋아하는 옷을 옷장에 걸고 있는 모습도 보였다. 성 베드로가 "천국에 오신 걸 환영합니다. 자, 이제부터는 이곳이 그대들 집입니다. 그대들을 위한 보상이지요"라고 말했을 때, 두 사람은 너무나 놀라 제대로 말을 할 수가 없었다.

창문 밖에는 알이 이제껏 본 중에 가장 아름다운 챔피언십 골프 코스가 펼쳐져 있었다. 성 베드로는 그들을 클럽하우스로 안내했고, 그들은 아주 호사스런 뷔페가 차려져 있는 것을 보았다. 바닷가재 테르미도르에서부터 필레미뇽, 그리고 크림 디저트까지 그야말로 상상할 수 있는 모든 멋진 음식들로 이루어진 진수성찬이었다. 알은 초조하게 베티를 힐끗대며 성 베드로에게 물었다.

"저지방, 저콜레스테롤 음식은 어디 있습니까?"

성 베드로는 "아, 바로 그것이 이곳의 장점이지요. 당신이 원하는 것은 무엇이든 원하는 만큼 다 드실 수 있습니다. 그래도 절대 살찌거나 탈이 나지 않습니다. 여기는 바로 천국이니까"라고 대답했다.

"내 혈당이나 혈압을 잴 필요가 없다는 건가요?"

알이 끈질기게 물었다.

"절대로, 다시는! 여기서 당신이 할 일은 그저 즐기는 것입니다."

그러자 알이 베티를 노려보며 신음 소리를 냈다.

"당신과 당신의 그 멍청한 귀리 죽이라니! 우리는 10년 전에 이곳에 올 수도 있었을 텐데!"

이러한 기본적인 것들로부터 시작해, 성서의 삽화, 잡지 광고, 어린이 도서, 만화, 그리고 영화들이 천국에 대한 나머지 이미지 대부분을 채웠다.

개를 위한 천국, 만화가가 그린 천국

천국을 묘사하는 아동 도서는 소형 양조업보다도 훨씬 빠르게 확산 일로를 걷고 있다. 최근 마리아 슈라이버일명 Mrs. 터미네이터로 알려진, 현 캘리포니아 주지사이자 전직 배우인 아놀드 슈워제네거의 부인. 미국의 정치 명문가 케네디가 출신으로 저널리스트 겸 작가로 활동하고 있다가 《천국이란? What's Heaven?》이라는 책을 냈는데, 할머니가 죽은 뒤에 엄마와 딸이 천국에 대해 질문하고 답하는 형식의 책이다. 어린 딸이 왜 천국을 볼 수 없느냐고 묻자 엄마는 "천국은 네가 눈으로 볼 수 있는 장소가 아니란다. 그것은 네가 믿고 있는 그 어떤 곳이야"라고, 철학적이며 세련된 대답을 들려준다.

그러나 아동 도서에 나타난 천국 중에서 특히 우리 맘에 드는 것은 신시아 라일런트영어와 스페인어로 저작 활동을 하며 주로 아동 도서를 쓰는 유명 작가의 《개의 천국Dog Heaven》이다. 이곳에서 죽은 개들은 날개가 필요 없는데, 왜냐면 개들은 나는 대신 달리기 때문이다. 그리고 하얀 수염과 우스꽝스런 모자를 쓴 농부로 묘사되는 하느님은 개들이 하고 싶은 대로 하도록 내버려 둔다. 호수, 거위들, 그리고 같이 놀아 줄 아이들이 가득한 이 천국이야말로 확실히 에덴동산 같다. 게다가 만약 당신이 개라면 더욱 기뻐할 소식은, 장인들이 만드는 키티 고양이, 다람쥐 등의 모습을 한 개를 위한 비스킷과 햄 샌드위치가 이 천국에는 가득하다. 야호, 멍멍!

성서의 삽화로 미루어 판단하건대, 천국의 주민들은 자부심이 모자라

보일 정도로 만족한 얼굴들을 하고 있다. 그들은 깃털 같은 잎이 달린 나무 그늘 아래 삼삼오오 모여 느긋하게 누워 있고, 하느님 자신은 성인들의 수행을 받으며 종종 모습을 드러낸다.

하느님은 다른 사람들과 마찬가지로 토가를 걸치고 있는데, 다른 점이라면 좀 더 화려하다는 정도이다. 그렇다고 누가 그걸 불평한다거나 하지는 않는다.

천국은 만화가들에게 가장 인기 있는 무대 중의 하나로, 순위를 매기자면 무인도와 정신과 의사 상담실 바로 위를 차지하고 있다. 만화 대부분에서 천국의 통과 기준에 대한 우스개가 펼쳐지고 사건이 발생하는 곳은 대부분 진주 문, 즉 천국의 문 앞이다. (그런데 만화가들은 '엄청나게 푸르른' 천국보다는 '구름'이 가득한 천국을 훨씬 선호하는데, 이는 아마도 그들이 보통 흑백으로 작업하기 때문인 듯하다)

일단 문 안으로 들어가면 우스꽝스럽기 그지없는 희극이 벌어진다. 이제 사후 세계에 살게 되었지만 그 모든 세속적 결점, 노이로제, 그리고 평범함을 지닌 우리는 여전히 근본적으로 인간이다. 실망시키려고 하는 말은 아니지만, 이 만화는 우리의 끊임없는 걱정거리로 주의를 환기시켰다. 영원은 천국에서조차도 권태를 만들까? 낚시광인 길의 경우를 보자.

아름다운 시냇가에 낚싯줄을 드리우고 있던 길은 20파운드나 나가는 멋진 연어를 낚는다. 그러나 그 연어를 힘겹게 들어 올리다 그만, 심장마비를 일으키고 만다. 잠시 후 의식을 찾은 길은 자신이 더욱 더 아름다운 시냇가에

"자네는 한 번 죽은 척 했던 적이 있지. 그러니 자네가 지금 또
죽은 척하는 게 아니라는 걸 내가 어찌 믿겠나?"

"이건 죽는 것이나 마찬가지로 좋은 것 같은데."

누워 있고, 그 시내에 연어가 북적대는 것을 본다. 옆에는 최신형 낚싯대와 릴이 놓여 있다. 길은 얼른 집어 들고 낚싯줄을 던진다. 빙고! 길은 곧바로 35파운드짜리 엄청난 연어를 잡아 올린다. 기분이 엄청 좋다. 또 낚싯줄을 던지고, 또 다시 순식간에 아주 멋진 고기를 낚는다. 길은 계속 낚싯줄을 던져 대고, 앉은 자리의 뒤쪽 둑에는 멋진 고기들이 길게 열을 지어 누워 있다.

그러나 해가 저물기 시작하면서 길은 더 이상 낚시에 흥이 나지 않는다. 실은 지겨워지기 시작한다. 바로 그때, 한 남자가 둑을 따라 그를 향해 걸어온다. 길은 그 남자에게 "그래, 바로 이게 천국이군요!"라고 소리친다. 돌아온 대답은, "그렇게 생각합니까?"

아주 현실적이고 세속적인 천국의 문제들에 관해

천국을 아주 군침 돌게 자세히 보여 준 것은 영화 속이었다. 1926년의 흑백 무성 영화인 독일 고전 〈파우스트 Faust〉를 생각해 보자. 그 영화는 비록 천국의 일상에 중점을 두지는 않았지만, 악마를 옆에 거느리고 시공의 연속체를 누비는 파우스트를 통해 천국의 경치를 얼핏 보여 준다. 안개 속을 뚫는 밝은 빛줄기들, 완성되기도 전에 버려진 것 같은 고대 그리스 건축물들. 이런 이미지의 상당 부분은 뒤러 독일 출신의 북유럽 르네상스 최고의 화가**와 브뤼겔**네덜란드 출신의 르네상스 화가로 특히 풍경화와 농부를 그린 그림들로 유명하다 같은 침울한 화가들에게서 유래되었기에, 〈파우스트〉의 천국은 영원을 지내기에 적합한 행복한 장소로 보이는 게 아니라 지옥처럼 음울하고 수수께끼처럼 불가해하게 보인다.

이후의 영화에서 안개는 필수가 되었다. 1941년의 코미디 〈조단 씨가 오시다Here Comes Mr. Jordan〉에서는 '드라이 아이스' 천국으로 알려지게 될 할리우드의 새로운 특수 효과의 출현을 보게 된다. 자욱한 연기에 마치 구름이 낀 듯한 효과를 내는 희미한 물질이 바닥에 뿌려지면 그 위로 죽은 사람들이 걸어 다니는 천국.

전부 흑인들로만 이루어진 1943년의 뮤지컬 〈하늘의 오두막집Cabin in the Sky〉에서는 천국이 단지 단역에 불과했지만, 죽은 자들이 역시 구름 위를 걷고 있다는 점은 주목할 만하다. 대본이 쓰인 시대 상황에 맞추어 그려진 어린아이 같이 순진하고, 가난하지만 항상 행복한 아프리칸 아메리칸들의 모습. 그러나 그들을 천국으로 이르게 하는 계단은 가로 세로 2인치, 4인치 밖에 안 되는 나무판대기들로 만들어져 곧 부서질 것 같기만 한데, 아무도 그런 것에는 신경 쓰지 않는다.

조단과 오두막 영화가 나오고 몇 년이 지나지 않아서 〈생사의 문제A Matter of Life and Death〉라는 영국 영화에서는 (미국에서는 〈천국으로의 계단Stairway to Heaven〉으로 제목을 바꾸었음) 아주 놀라울 정도로 세련된 천국이 나타났다. 시각적으로 이 영화의 가장 재치 있는 장치 효과는 바로 천국은 흑백으로, 지상의 삶은 생생한 총천연색으로 나온다는 점이다.

(볼 일이 있어 잠깐 지구에 출장 온 천국의 한 거주자는 "저 윗동네에서는 테크니컬러Technicolor에 목말라 죽을 지경이야"라고 푸념한다) 이 천국에 있는 모든 사람들은 끔찍이 검소하고 온갖 사무로 바쁘다. 누가 정확히 언제 죽었는지를 기록하느라고 하루 종일 정신없는 직원의 모습은 1940년대의 미래파를 보는 듯하다. 최근에 죽은 자들을 옮기는 컨베이어 벨트, 백화점 의류 옷걸이에 걸린 날개들, 자동 음료 판매기 등.

〈생사의 문제〉는 아주 간결한 내용이지만 오래된 냄새를 풍기는 질문들을 던진다. 천국이란 수술로 해결되는 뇌 손상의 결과로, 단지 환상에 지나지 않는 것인가? 사랑하는 사람을 위해 기꺼이 죽고자 하는 것은 진정한 사랑을 테스트하는 최종적인 리트머스 종이인가? 테크니컬러 속에서 사는 것보다 흑백 속에서 사는 게 좋은가?

위의 마지막 질문은 천국 그 자체가 영화 혹은 적어도 영화를 만들기에 좋은 세트장이라는 걸 보여 준다.

할리우드의 위대한 제작자이자 감독인 오토 프레밍거오스트리아-헝가리 출신으로 〈돌아오지 않는 강〉, 〈엑소더스〉 등의 작품이 있다가 천국에 도착했다. 성 베드로는 그를 진주 문에서 영접하면서 하느님께서 그가 영화 한 편만 더 감독해 주기를 바란다고 전했다.

그러자 프레밍거는 얼굴을 찡그리며, "난 죽기 수 년 전에 이미 은퇴했습니다. 야단법석을 떨며 영화를 만드는 데 정말 진저리가 났어요"라고 말했다.

성 베드로는 "잘 들어 보게나. 그 영화 음악은 루드비히 반 베토벤이 맡아서 작곡하기로 되어 있다네"라고 설명했다. 프레밍거는 "내 말을 못 알아들었군요. 더 이상 영화는 만들고 싶지 않아요"라고 다시 한 번 거절했다. 그러자 성 베드로는 "자넬 위해서 레오나르도 다 빈치가 세트 디자인을 맡기로 했다네"라고 힘주어 말했다.

결국 프레밍거가 소리쳤다. "더 이상 영화는 만들고 싶지 않다니까!"

그러나 물러서지 않고 성 베드로가 말하길, "자, 이 대본을 한 번만 보기라도 하게. 우리는 자네를 위해 윌리엄 셰익스피어에게 대본을 써달라고 했다네."

그제야 프레밍거는 "음"하며, "베토벤의 음악에 레오나르도의 세트디자인에 셰익스피어의 대본이라…… 잘못될 리가 없겠지? 그럼 한 번 해보지요!"라고 결정을 내렸다.

"좋아, 잘한 거야"라고 외치며 성 베드로가 한마디 덧붙였다. "저, 그런데 한 가지 작은 부탁이 있네…… 노래를 하는 내 여자 친구가 있는데……."

1998년의 화려한 오락영화 〈어떤 꿈이 오려나 What Dreams May Come〉에서는 키치적인 천국이 좀 심하다 싶을 정도로 과잉이다. 이 작품은 〈스타워즈 Star Wars〉 이후의 획기적인 특수 효과 덕을 톡톡히 본 최초의 할리우드 영화다. 그러니만큼 영화 제작사들은 아주 확실한 에덴동산을 만들어냈다. 그곳은 K마트 풍의 미술품들로 만든 모네의 풍경화 같았고, 날아다니는 개들, 요정들, 그리고 화끈한 여자들로 디지털화되었다. 여기서 우리가 보게 되는 것은 감각 과부하의 천국이다. 황금빛 광선들, 무지개, 구름이 감돌고 있는 산, 물이 졸졸 흐르는 시내, 활짝 핀 꽃나무들, 야생화, 그리고 말할 것도 없이 고전적 기둥들이 즐비하다. 1950년대 풍의 정원 장식용 가구들이 들어찬 그리스 로마식의 주거지들이 모든 화면에서 북적댄다. 그것은 주의력 결핍증을 가진 사람들에게 적격인 천국이다.

철학적인 관점에서 보자면, 〈어떤 꿈이 오려나〉는 엄밀히 말해 뉴에이지 골빈파의 탁상공론에서 나온 것이다. 한 대천사는 "너는 네 상상력에서 나온, 너대로의 천국의 이미지를 만들어낸다" 며, "사유가 실재이고 육신은 미망이다" 그리고 "모두가 자기 자신만의 우주를 가질 수 있을 만큼 이곳은 그렇게 광대하다" 라고 읊조린다. 뭐라고? 무슨 소리야? 선禪의 대가도 낄낄거리게 만들 정도로군.

다행스럽게도 몬티 파이톤영국의 5인조 코미디 그룹으로 미국을 넘어 전 세계 코미디에 큰 영향을 끼쳤다의 〈삶의 의미—7부: 죽음The Meaning of Life-Part VII: Death〉은 비록 풍자적 천국이긴 해도, 우리에게 그 어떤 영화에서보다도 더 활력 있고 즐거우며 괴짜스러운 천국을 선사한다. 몬티의 '날아다니는 서커스'가 우리를 천국으로 데려다 주기 전에 그 우스운 설정에 배꼽을 빼지 않을 수가 없다.

저녁 파티가 벌어지고 있는 어느 영국 부르주아의 시골 별장에 저승사자가 나타나 문을 두드린다. 재킷에 타이 차림을 한 집주인이 나와 문을 열고는 낫을 든 죽음의 사자를 바라본다. "산울타리 때문에 오셨나요?" 라고 그가 묻는다. 그의 아내도 방문객을 안으로 들이고는 바보 같은 웃음을 지으며 손님들에게 "동네 분들 중 한 분이에요"라고 소개하고, "여보, 저승사자님께 마실 것 좀 한 잔 갖다 드려요"라고 말한다.

별로 흥이 나지 않은 저승사자는 "당신들을 데려 가려고 왔소"라고 말한다. 그러자 손님들 중의 한 명이 대답하길, "그것 참, 오늘 저녁을 음울하게 만드는군. 안 그래?"

후다닥 챙겨서, 그들 모두는(여주인이 대접한 연어 때문에 모두가 보툴리누스 식중독에 걸렸다) 천국을 향해 출발한다. 흰색 비스름한 현대식 호텔 체크인 카운터에 도착한 그들은 붉은색의 라스베이거스 풍 극장으로 안내되는데, 극장 안 테이블은 다양한 시대에서 온 흥겨운 타입의 사람들로 만원을 이루고 있다. 그리고는 느닷없이 쇼가 시작된다. 톰 존스 영국의 대중 가수 짝퉁 같은 주인공과 천사 같은 코러스 걸들이 황홀하게 멋진 가슴을 드러낸 채 춤과 노래를 선보이는 화려한 쇼다. (인기 있는 시트콤 애니메이션 〈사우스 파크: 더 크게, 더 길게, 그리고 자르지 않고 South Park: Bigger, Longer, & Uncut〉에도 아무것도 걸치지 않은 볼록한 가슴의 천사들이 나온다. 가만, 무슨 얘길하고 있었지?)

"삶의 의미는……" 난롯가의 한 여인이 삶의 의미에 대해 말한다. "자, 어……" 그러고 나서는 항상 같은 그 진부한 말로 〈삶의 의미〉의 대미를 장식한다.

"서로에게 잘하고, 잘 먹고, 한껏 즐겨라."

그런데 묘하게도 위안이 된다.

죄 지은 자들의 사후 세계인 지옥에 가지 않길. 천국과 마찬가지로, 지옥도 성서 이후 제 나름의 세계를 가지고 있다. 인페르노 Inferno, 단테의 《신곡》에 나오는 지옥에서 7가지 상이한 지옥의 단계를 보여 줬던 단테같은 시인은 말할 것도 없고, 화가, 삽화가, 만화가, 그리고 영화 제작자들에 의해 살이 붙여진 불타는 장식 같은 그 나름의 세계들 말이다. 이 지옥에 대해 우리가 갖고 있는 이미지의 일부는 그리스 신화의 하데스 Hades, 즉 스틱스 강 건너편의 괴롭고 힘든 지하 세계를 통해 자리 잡기도 하지만, 대부분의 이미지는 예술가들과 코미디언들의 악몽에서 나온다.

사후 세계가 있다 하더라도 죽음의 불안에 휩싸이게 되는 또 하나의 이유는 바로 지옥이다. 즉 우리의 영혼이 영원하다고 한들, 그 영혼이 이 고문실에서 끝나게 된다면? 거기에는 가지 말도록 하자.

항상 그렇듯이, 가수들이 화가나 영화 제작자들보다 훨씬 더 현실적인 것 같다. 로레타 린이 부르는 노래처럼.

모두들 천국에 가고 싶어 하지만
아무도 죽으려 하지는 않네.
주여, 천국을 원하지만 죽기는 싫거든요.
그래서 난 거듭날 날을 고대해요.

왜냐면 이 지구상에 사는 게 아주 좋거든요.

모두들 천국에 가고 싶어 하지만

아무도 죽으려 하지는 않네.

"솔직히 말해, 로레타!"

"대릴, 우리도 아직 자네와 함께 있네. 그 귀리 죽 좀 건네 줘 봐!"

Heidegger
and a Hippo
Walk
Through
those Pearly Gates

Death · Big D!!!

;

제 **3** 부

죽음?
그저 내 라이프스타일 중 하나

주목!
새 천 년에 죽음이란 한물간 아이템인가?
이 책이 필요하기나 한 건가?
만약 아니라면,
저기, 내 돈을 되돌려 받을 수 있을까?

Heidegger
and a Hippo
Walk
Through
those Pearly Gates

저렴하게
모십니다

Heidegger and a Hippo
Walk Through those Pearly Gates

외계인에게 납치되기만큼 쉬운 임사 체험에 관해

"오케이, 대릴, 자네 그 훈련 알지? 자네 심장이 멈추고, 폐가 펌프질을
중단하고, 생명을 나타내는 신호들이 꺼지고…… 그리고 갑자기 자네는,
자네의 육체를 벗어나 머리 위에서 맴도는 거야! 실상 자네는 자네 자신
의 폐기된 육체 위를 맴도는 거지. 마치 백만 불이라도 주운 것처럼, 자네
는 정말로 엄청 기분이 좋고, 비할 바 없이 행복할 거야. 자네가 죽은 거라
는 걸 자네도 알게 되지. 그런데 그 사실이 자네의 기분을 다운시키는 게
아니라 업시켜 주는 거야! 바로 그때, 하프 소리와 합창단의 노랫소리, 그

리고 플루트가 어우러진 천상의 세레나데가 들려오기 시작하네. 정말 근사하지!"

"이봐, 저기 멀리에서 반짝이는 밝은 빛의 소용돌이는 뭐지? 자네는 그쪽으로 끌려 들어갈 수밖에 없어. 그건 긴 터널 끝에 있지. 거기에 가야 돼, 꼭 가야 돼. 그런데 잠깐, 입구에 서 있는 게 누구야? 버티 아저씨?"

"어이, 대릴! 여긴 웬일이냐?"

"아찌, 제가 아찌를 마지막 뵌 게…… 오, 맙소사…… 1987년에 돌아가신 이후로 뵙질 못했네! 와! 그리고 룰루 숙모, 내 옛날 축구 코치 빌리 와잘린스키. 프랭크 시나트라…… 오, 이런, 모세도! 그래 이거야! 난 지금 천국으로 가는 중이야!"

"갑자기 암갈색조의 영화가 자네 앞에서 상영되기 시작하네. 바로 자네의 전기 영화, 지상의 자네 삶에서 일어났던 일들―하이라이트라고 해두지―이 스크린 위에 펼쳐지네. 보게나, 자네의 그 오랜 개 버스터가 잔디를 달려 자네에게로 달려오잖나. 자네가 겨우 여섯 살이었을 때지! 바로 그때, 위에서 목소리가 울려오네. 그 목소리는, '대릴, 그렇게 빨리는 안 되지'. 자네는 아직 때가 안됐네. 이쪽에서 자네에 대해 아직도 마무리하지 못한 일이 있다네. 그러니 다시 돌아가서 콜럼버스 기사회의 회계담당직 연한을 채우도록 하게나'라고 말하지.

바로 그때, 자네가 수술대 위에서 숨을 헐떡거리며 깨어나는 거야.

'무어…… 무슨 일이 생, 생긴 거야?'라며 자네는 겨우 입을 떼기에 이르지. 흰 가운을 입은 여성이 자네 위로 나타나서는 '대릴, 당신 잠깐 동안 떠났었어요'라고 말해.

'떠났다고?'

그녀는 심장박동모니터기를 가리키며, '임상적으로 죽었었다는 말'이라고 답하지.

'얼마 동안이나?'

'어, 한 10초 정도.'

그 말을 듣자 자네는 자네가 방금 임사 체험을 한 것임을 알게 되는 거야. 즉 아주 인기가 대단해서 그쪽에 정통한 사람들 사이에서는 그저 NDE Near-Death Experience로 통하는 거 말이야.

대릴, 그런 체험을 한 사람은 자네뿐만이 아니야. 엘리자베스 테일러, 샤론 스톤, 피터 셀러스, 게리 버지, 에릭 에스트라다, 도날드 서덜랜드, 버트 레이놀즈, 셰비 체이스, 그리고 오지 오스본 등 유명인들이 즐비하지. 특히 오지 오스본은 8일 동안이나 코마 상태에 빠지게 만든 자전거 사고 후에 실제 두 번이나 '죽었지.' 그러니, 여기서 우리가 그냥 그저 그런 평범한 괴짜들에 대해 얘기하고 있는 게 아니라는 걸 자네도 알겠지?"

NDE 열풍이 불게 된 것은 1975년 출간된 레이먼드 무디의 《삶 후의 삶: 한 현상에 대한 조사 ― 육체적 죽음의 잔존 Life After Life: The Investigation of a Phenomenon—Survival of Bodily Death》이라는 책을 통해서이다. 무디는 서로 연관이 없는 수백 명의 사람들을 인터뷰했는데, 이들 모두는 대릴과 같은 체험을 했다고 말한다. 책은 엄청난 성공을 거둔 베스트셀러가 되었고 책에 기반해 만든 영화도 대히트를 쳤다. 점점 더 많은 NDE 사례들이 보고되었고, 인터넷의 도래와 더불어 NDE 체험자들은 서로 연락을 취하며 자신들의 경험을 비교할 수 있게 되었다. 그것은 사후 세계가 있다는 걸 증명하는 것처럼 보일 뿐만 아니라 모든 종교 일체가 진실한 체험에 기반하고 있는 것처럼 느끼게 만들었다. 여기에서 우리가 보는 것은 바로 천국, 지옥, 신, 사탄, 텔레파시, 그리고 강아지 천사 등의 실증적 증거인 것이다.

그러나 NDE 체험자들이 자신들의 이야기가 확고한 자리에 놓이게 됐다고 생각한 바로 그 시점에, 과학과 철학 쪽에서 일단의 사람들이 그들의 통상적인 흥 깨기 작업을 개시했다. 보통 이들 회의론자들은 '임상적 사망' 시간 동안 체험하는 사후 세계의 실재를 인정하고 출발한다. 그러나 또 한편으로는 제시된 증거들—NDE에 관한 주관적 보고들—이 사후 세계의 실재를 증명하는 것은 아니라고 말한다. 여하의 초자연적인 경험, 말하자면 누군가가 마누라의 머리 위를 빙빙 돌며 날아다니는 찻주전자를 보았다거나 하는 등의 개인적 경험을 이야기한다 해도 그것을 확인할 만한 객관적 테스트가 없다는 것이다. NDE에 있어 중요한 문제는 그 체험이 뇌의 작동 불능에 기인한다는 것 말고, 우리의 '일반적' 실증적 현실, 즉 '진짜 현실 세계'와 연관이 있는가의 여부다.

신경 접합부에서 갑자기 나는 소리는 회의론자들에게 임사 체험에 대한 또 다른 설명거리를 제공해 준다. 그 소리들은 뇌 활동의 특이한 형태로써, 아마도 언젠가 양동이를 발로 찼던 트라우마로 인해 그렇게 행동하게 된 것인지도 모른다. 신경외과 의사 필립 카터는 "뇌는 최고의 컴퓨터

"지난주에 나는 '임생臨生' 체험을 했던 것 같아."

이다. 뇌가 닫혔다 다시 가동될 때는 변화를 야기할 수 있는 수많은 활동들과 함께 개시된다"라고 말한다. NDE 체험과 기억, 두 가지 모두 이로 인해 변경된 뇌의 산출물이라는 것이다. 즉 발작 동안에 겪은 초월적 체험의 기억에 대해 얘기하는 간질병 환자가 뇌전도로 기록될 수 있는 특이한 뇌 사고를 경험한 것과 같다는 뜻이다.

　　한 노인이 갑자기 의식을 잃고 심장 마비를 일으켰다. 약 20초간의 소생법을 취한 뒤에, 노인의 의식이 돌아왔다. 심장이 순간적으로 정지했던 거라고 설명한 의사는, 그 정지된 동안 어떤 특이한 점이 있었는지 물었다.

　　그는 "밝은 빛을 보았어요. 그리고 내 앞에 흰 옷을 입은 남자가 있었어요"라고 말했다.

　　흥분한 의사는 그 인물에 대해 설명해 줄 수 있겠느냐고 물었다.

　　"물론이죠, 의사 선생님. 그건 당신이었어요."

　　NDE 체험자들은 많은 사람들이 유사한 임사 체험의 경험을 가졌으며, 이러한 사실은 일종의 상호주관적인 의견 일치를 이룬다는 점을 주장한다. 그러나 회의론자들은 NDE의 세세한 유사성은 의심할 나위 없이 커뮤니케이션의 산물이라며 회의적이다. 그들은 NDE가 어때야 하는가는 이미 많은 사람들이 TV를 통해, 혹은 무디의 책을 통해 잘 알고 있으며, 미국인들의 20% 이상이 외계인의 납치를 경험했다고 믿는다는 사실 또한 이야기한다. 생명체간 문란한 행위는 말할 것도 없고.

카터를 비롯한 많은 사람들은 이러한 NDE들이 아주 좋다고 생각하는데, 그것은 사후 세계를 볼 수 있어서가 아니라 죽어가는 과정이 즐거운 것일 수 있음을 시사하기 때문이라고 말한다. 그러나 임사 체험자들의 약 10%만이 이러한 즐거운 경험을 갖는다. 대다수는 죽으면서 그저 무섭고 끔찍하게 겁이 날 뿐이다.

변화된 정신적 상태는 그 연원이 무엇이 됐든 간에—말하자면 '마약'을 삼킨다든가 하는—우리에게 다른 종류의 정보, 즉 시공의 경계 밖에 존재하는 '현실'에 대한 정보를 준다고 생각하는 철학자들과 신비주의자들도 있다.

19세기 미국 철학자 윌리엄 제임스는 확실히 그렇게 생각했던 사람이다. 자신의 걸작인《종교적 경험의 다양성 The Varieties of Religious Experience》에서 제임스는 아산화질소 약물로 인해 직접 경험한 것에 대해 말하고 있다.

그 당시 내 마음에는 한 가지 결론이 나 있었고, 그 진실성에 대한 나의 느낌은 그 이후로 흔들린 적이 없다. 즉 우리가 이성적 의식이라고 부르는, 보통 깨어 있는 의식은, 단지 의식의 한 가지 특정 유형일 뿐이다. 극도로 얇은 막에 의해 의식에서 분리된 모든 것, 즉 아주 다른 의식의 잠재적 형태들이 의식의 주위에 놓여 있는 것이다. 우리는 그것들의 존재에 대해 생각도 못 하고 일생을 보낼 수도 있다. 그러나 필요한 자극을 주기만 하면 단 한 번에 그들은 완벽하게 거기에 나타나는데, 사고방식의 확실한 유형

으로써 아마도 어딘가에 그들 나름의 적용과 응용 분야가 있을 것이다.[26]

제임스의 관점이 낯설지 않게 들린다면, 아마도 그 이유는 그의 이러한 관점이 자신의 뇌졸중을 지켜봤던 질 볼트 테일러의 관찰을 떠올리기 때문일 것이다. 아니면, 아마 당신도 우리가 드나드는 단골 주점에 드나들기 때문일지도 모른다. 바 뒤편에 "현실이란 알코올의 부족으로 인한 환영幻影이다"라는 말을 써 붙인 바로 그 주점.

자, 자, 독단적인 유물론은 버리자고. 분명 돌아가신 이모가 거울 속에 계셨다니까

"불멸의 영혼이 있는지 알아보기 위해 자네들이 그렇게 책 속에 파묻혀 있는 동안, 우리 글래디는 매일 밤 에드나 아줌마와 수다를 떨고 있다네."
"그게 대체 무슨 뚱딴지같은 소리야?"
"에드나 아줌마는 죽은 지가 삼십 년이나 된다네."
"아, 그래, 무슨 말인지 알아. 소위 그 강신술 회합을 말하는 거군. 대릴, 실제로 강신술을 위해 어두운 방안으로 살금살금 들어가 본 몇몇 진짜 철학자들—윌리엄 제임스와 19세기 영국 도학자 헨리 시지윅같은 사람들—도 있었어. 물론 에드나 아줌마가 아니라 저편 세상의 다른 사람들과 얘

기하기 위해서였지. 그들 외에도 여타 학계와 과학계 사람들의 회합에 대한 압도적인 반응은, '이 친구들 머릿속을 싹 비워버린 거 아냐?'였다고."

그러나 1870년대의 분위기는 기이했다. 티베트를 거친 러시아계 미국인으로 대담한 스타일을 가졌던 마담 블라바츠키는, 1875년 뉴욕에 '강신론降神論' 연구를 위한 신지론神智論협회를 창립했다. 영국과 미국에서 강신론은 폭발적이었다. 〈영혼과 똑똑 교신하기〉라는 노래는 단번에 뉴에이지 운동의 전조가 되었고, 주장컨대 그것은 엄청난 히트를 친—거의 틀림없이—최초의 랩이었다.

영혼의 공기같이 가벼운 날개들
부드럽게, 부드럽게, 스치는 소리를 들어봐.
지상의 것들과 다시 한 번 어울리기 위해
그들이 오고 있어……
똑똑 잃어버린 친구들이 네 가까이 있어.
똑똑 그들이 너를 보고, 너를 듣고 있어……

똑똑? 그 저명한 하버드 교수 제임스 씨는 어떤 생각을 하고 있었을까? 공교롭게도 헨리 제임스 윌리엄 제임스와 형제로 미국 출신이며 영국으로 귀화한 소설가는 '개방적인 사고'를 가졌다. 그의 미국식 사고에 의하면, 진실이란 고정되어 있는 게 아니라 끊임없이 진보하는 것이다. 그리고 유물론자들—루크

레티우스로마 시인이자 유물론자에서 토마스 홉스영국의 철학자, 저서로《리바이어던》이 있다에 이르기까지 오직 물질세계만이 실재한다고 믿는 철학자들—은 움직이는 궤도 속에 있는 진실을 멈추고자 했다.

제임스에게 있어 진실한 이론이란 유용한 진실이다. 즉 이론은 기존에 알려진 사실들과 일치할 뿐만 아니라, 미래에 진실을 발견하는 데에 이르는 길을 열어 주기도 하는 것이다. 만약 그 미래가 오늘의 진실과 모순되는 것으로 밝혀진다 해도 전혀 문제될 게 없다. 왜냐면 우리는 그 모순을 실토하고 그런 이론이 잘못된 것이라고 천명할 것이기 때문이다. 그러나 만약 만족할 만한 어떤 가설이 우리의 행동을 인도한다면, 그때는 제임스가 말했던 그 "진리"가 되기에 충분한 것이다. 안타깝게도 제임스에게 "진실적임"이라는 신조어를 알려 줄 스티븐 콜베어정치풍자를 주로 하는 미국의 희극인으로 그가 진행하는 '콜베어 르포'라는 프로그램에서 'truthiness' 즉 '사실에 근거하지 않은 채 자신이 믿고 싶은 것을 진실로 받아들이려는 성향'이라는 신조어를 만들어냈다가 아직 나타나지 않았던 때였다.

제임스의 인식론에 의하면, 육체 뒤에 남는 영혼의 가능성을 즉각적으로 부인한다는 것은 독단적인 유물론이다. 즉 새로이 밝혀지는 진리의 가능성을 쾅 닫아 버리는 것과 마찬가지이다. 똑똑, 학계의 거물들이여, 새로운 가능성에 그대들의 마음을 활짝 열지어다!

게다가 제임스는, 특히 종교에 관해서는 "마음의 의지"를 옹호했다. 이것은 "우리의 의지를 설득할 수 있다면, 현재 관심 있는 그 무엇이라도 믿을 권리"를 의미한다. 우리가 알고 있는 사실과 양립할 수 없는 그 어떤 것을 꼭 믿어야 할 필요는 없다 해도, 종교적 믿음이나 자유 의지—기존의 사실들이 질문에 대한 결론을 내리기에 충분치 않다면—에 관한 일이라면, 스스로 최선이라고 생각되는 걸 선택하는 것은 우리의 자유이다. 제임스는 자신의 일기에, "자유의지로 내가 택한 첫 번째 행동은 자유의지를 믿는 게 될 것이다"라고 씀으로써 자유의지가 어떻게 작동하는지 기지를 발휘해 보여 주었다.

제임스는 철학자들을 분류하는 하나의 유용한 방식으로 '현실적 vs 이상주의적'이라는 틀을 생각했다. 이상주의적 철학자들은 사실보다는 원리에, 감각의 증거보다는 관념에 더 관심을 가지며, 좀 더 이상주의적이고 낙관적이며 종교적이고 또한 자유 의지를 신봉한다.

현실적 철학자들은 원리보다는 엄연한 사실에 더 관심을 기울이며, 관념보다는 감각의 증거를 더 신뢰하고, 좀 더 물질주의적이고 염세적이며 반종교적이고 숙명론적이며 회의적이다. 각각 자신들이 상대편보다 우월하다고 여긴다. 현실주의자들은 상대편을 감상적인 얼간이라고 생각하고, 이상주의자들은 또 상대편을 정제되지 않고 무감각하다고 생각한다. 제임스는 대부분의 사람들에게는 이 양자가 섞여 있다고 보았다. 그러나 분명히, 제임스는 그라우초 막스 미국의 코미디언이자 영화배우로 위트가 뛰어났다를 만나보지 못했다. (정말로, 거기에는 그럴만한 이유가 있었다)

엉뚱한 면도 있지만, 그라우초는 철저한 현실주의자였다. 한번은 그의 친구들이 할리우드에서 성황 중인 아주 비싼 영매를 찾아가는데 마지못해 따라간 적이 있다. 그 심령사는 죽은 친척들을 불러내 그 망자들의 메시지를 전해 주고 예견하고 모든 질문에 자신 있게 대답해가면서 테이블 주위를 돌았다. 두 시간이 지나고 나서 그 심령사는 "나의 영매 천사가 피곤해 하니 질문 하나만 더 받기로 하겠습니다. 원하는 것이면 뭐든 다 알아낼 수 있습니다"라고 말했다. 이에 장단을 맞춰 그라우초는 "노스다코타주州의 수도가 어딥니까?"라고 물었다.

그러나 19세기 영국의 심령연구협회와 미국에 있는 지부인 미국심령연구협회(이 두 조직은 아직도 존재하고 있다)는 영혼이라는 주제에 두려움과 떨림을 갖고 접근했다. 이는 유령이 무서워서가 아니라 그 회원들의 학계 평판이 위험에 처했기 때문이었다. 그들은 모든 영매의 주장을 가능하면 회의적으로 보는 게 최선이라는 걸 확실히 인지하고 있었다.

아니나 다를까, 여러 협회들이 요청하는 조사를 오랫동안 거부하며 인도의 마드라스에 있는 황금 전당에서 자신의 작업을 수행하던 마담 블라바츠키가 사기꾼으로 몰려 비난의 대상이 되었다. 들리는 바에 의하면 그 전당에는 망자로부터 온 '영혼의 편지'가 들어 있는 자그마한 서랍들이 있었다. 제임스의 영국인 동료 헨리 시지윅의 철학도인 호주 출신 리차드 호즈슨은 그 전당에 들어갈 수가 있었고, 거기서 양면으로 사용이 가능한 서랍들과 그걸 통해 마담 블라바츠키와 하인들이 편지를 주고받는 것을 알아챘다. 마담 블라바츠키는 죽은 자들의 편지를 위조했다. 그들이 아직 이승에 살고 있을 때 써 놓은 편지들을 발견해 수증기로 봉투를 열어 개인적 정보들을 취한 다음 다시 봉하고, 사적인 정보가 가득 담긴 '영혼의 편지'를 만들어 내기 위해 세상을 떠난 그 소중한 사람들의 필치를 모방

했던 것이다. 이렇게 함으로써 마담 블라바츠키는 커뮤니케이션 이론가인 마샬 맥루한의 그 불멸의 말, "매체가 메시지다The medium is the message"라는 말을 일찌감치 선수 쳤다.영어의 medium에는 매체라는 뜻도 있고 영매라는 뜻도 있다.

고인故人의 권리

일이 없어 절망에 빠진 복화술사가 그의 대행사를 찾아갔다. 그의 에이전트는 유감이라며, 그렇지만 그의 복화술에 대한 수요가 더 이상 없노라고 말해 주었다. 라이브 버라이어티 쇼도 한물가고, 에드 설리번 미국의 저명한 오락물 작가이자 TV쇼 사회자도 간 마당이라며. 그가 할 수 있는 조언이라곤 다른 복화술사에게 했던 것과 마찬가지로 강신술 회합 사업을 해보라는 것이었다. 그래서 복화술사는 곰곰 생각한 끝에 드디어 아주 좋은 가격에 가게를 얻어 간판을 내걸었다.

첫 고객은 미망인이었다. 그녀는 최근에 사별한 남편과 얘기를 나누고 싶어 했다.

"경비가 얼마나 들지요?"

"50달러면 남편에게 하고 싶은 모든 질문을 할 수 있고, 남편은 '예' 또는 '아니오'라는 대답으로 테이블을 각각 한 번 혹은 두 번 두드릴 겁니다.

150달러를 내시면 원하는 모든 질문을 할 수 있고, 남편이 문장으로 대답을 할 겁니다. 그리고 500달러 특별가도 있습니다."

"그건 어떤 건가요?"

미망인이 물었다. 그러자 복화술사가 말하길,

"원하는 모든 질문을 할 수 있고, 남편께선 문장으로 대답할 것이며, 그러는 내내 저는 물을 마시고 있을 겁니다."

강신술 회합의 논의에서 간과되는 것은 망자들에 대한 고려이다. 우리가 부르면 그들은 무조건 나타나야 하는가? 그들도 나름의 바쁜 스케줄을 갖고 있지 않을까? 최소한 누가 부르는지는 알 수 있도록 해 줘야 하는 게 아닐까?

오랫동안 웨이터 일을 했던 사람이 사망하자 그를 아꼈던 몇몇 고객들이 그와 접촉해 보려고 레스토랑에 모여 강신술 모임을 열었다. 그들은 어두운 방 안 테이블 주위에서 서로의 손을 잡았다. 그러자 영매가 외쳤다.

"스낙 위더스! 내가 스낙 위더스의 영혼을 부르노라!"

침묵.

그러자 영매가 다시 외쳤다.

"스낙 위더스! 내가 스낙 위더스의 영혼을 부르노라!"

또 다시 침묵.

테이블 주위의 사람들은 초조해지기 시작했다. 문제가 있음을 눈치 챈 영매가 다시 한 번 우렁차게 고함을 질렀다.

"내가 명하노니 스낙 위더스의 영혼은 냉큼 앞으로 나오거라!"

그러자 테이블 위에 한 유령이 나타났고, 모두들 그 유령이 세상을 떠난 웨이터라는 걸 알아볼 수 있었다. 모여 있던 고객들 중의 한 사람이 말했다.

"다시 보게 되어 정말 반갑네! 오는데 왜 그렇게 오래 걸렸나?"

그러자 역겨움에 콧방귀를 뀌며 그 유령이 말했다.

"이건 내 테이블이 아니잖아!"

그럼에도, 시지윅과 제임스 두 사람은 그 많은 협잡꾼들 중에서 분명 망자와 접촉하는 진짜 신통력을 가진 사람이 있을 것이라는 생각을 버리지 않았다. 아마도 5%쯤은 되지 않을까라고. (어째서 5%냐고는 묻지 말길)

그들이 아주 유망하다고 여긴 한 영매가 있었는데, 그녀는 이탈리아 출신의 유사피아 팔라디노였다. 그녀는 가수假睡상태에 이르면 성적으로 자극되어 남성 참가자들 무릎 위에 몸을 둥글게 웅크린다. (이렇게 해서 나온 말이 "매체는 마사지다") 그러나 아니나 다를까, 독일계 미국인 심리학자 휴고 뮌스터버그는 유사피아의 속임수를 잡아냈다. 그녀가 그의 발 위에 놓여 있는 그녀의 신발을 살짝 벗은 뒤, 맨발로 그녀 뒤에 있는 작은 탁자를 움직였다는 것이다.

그러나 제임스는 뮌스터버그에게 노발대발했다. 유사피아가 이것저것 속이긴 했지만, 그렇다고 해도 그녀를 아주 면밀히 관찰할 때 일어났던 그 모든 초심리적 현상은 여전히 규명할 수가 없는 것들이라며. 아마도

유사피아는 제임스의 마음을 움직였던 것 같다. 바로 그녀의 무릎으로. [27]

월리엄 제임스는 이걸 어떻게 생각할까?

몇 달 동안 피첼 부인은 남편에게 마담 프레다의 강신술 회합에 함께 가자고 졸라 댔다.

"밀티, 그녀는 진짜 집시인데다가 저승에서 망자들의 목소리를 불러온다니까. 우리 모두 그들과 얘기했어! 지난주에는 편안히 잠드시라고 어머니와 얘기도 했다고. 밀티, 제발, 단돈 20달러로 당신이 그렇게도 그리워하는 할아버지와도 이야기할 수 있다니까!"

밀튼 피첼은 아내가 졸라 대는 것을 뿌리칠 수가 없었다. 그래서 마담 프레다의 강신술 회합소에서 열리는 바로 다음 번 모임에 가게 된 밀튼은 옆 사람들과 손을 잡고 녹색 테이블의 유색 램프 불빛 아래 앉아 있게 되었다.

모두들 "우우움, 우우움, 통카 투우움"이라며 중얼거리고 있었다.

두 눈이 가수 상태에 빠진 마담 프레다는 수정공 위로 최면을 걸고 있었다.

그녀는 "나의 영매…… 바쉬트리"라고 부르며, "자, 들어 와봐. 같이 있는 사람은 누구야? 누구라고? 피첼 씨? 밀튼 피첼의 할아버지?"

밀튼은 목구멍에 뭔가가 탁 걸리는 것을 삼키면서, "할아버지!"하고 불렀다.

"아, 밀텔레?"하며 힘없이 떨리는 목소리가 들렸다.

그러자 밀튼은 "맞아, 맞아"라고 외치며, "바로 손자 밀티야, 할아버지! 제이다 유대어로 할아버지를 뜻함, 그쪽 세상에서 행복해?"

"밀텔레, 난 아주 축복받았어. 네 할미하고 같이 웃고 노래하며 지낸단다. 우리는 주님의 빛나는 얼굴을 바라보고 있단다."

밀튼은 할아버지에게 열 두어 개의 질문을 더 하고, 할아버지는 모든 질문에 대답해 주었다. 그러고는 "밀텔레, 자, 이제 가봐야겠구나. 천사들이 부르고 있어서. 질문은 딱 하나만 더 받으마. 어서 물어 보거라."

그러자 밀튼은 "할아버지"하고 한숨을 내쉬며 말했다.

"그런데, 언제 그렇게 영어를 배웠어?"

'똑똑 운동'을 21세기 소비자들의 인기 있는 아이템인 거울방으로 보내는 것은 뉴에이저들의 손에 맡겨 두기로 하자. 요금을 내면 어둠침침한 거울방에서 그곳에 마련된 커다란 거울 속을 바라볼 수 있으며, 가수 상태에 들어 망자들과 얘기할 수 있다. 거울방의 기원은 고대 그리스까지 거슬러 올라가는데, 그리스인들은 반사되는 연못을 바라보며 영혼의 세계를 불러내곤 했다.

현대의 몇몇 심리학자들은 이 모든 것들이 소위 말하는 간츠펠트 효과 Ganzfeld Effect, 즉 지평선이 없는 단색 환경 속에서 일어나는 시각 기능 상실의 결과로 생긴, 단지 환영일 뿐이라고 주장하기도 한다. 그렇다면 어느 '거울 응시자'가 거울방 온라인 사이트의 사람들에게 올린 글을 한 번 보시라.

나는 하나님께 블루(내 고양이)를 나타나게 해 주십사 기도를 드렸고, 잠시 후 하얗게 소용돌이치는 에너지를 보았다. 나에게는 이것이 블루가 자신의 모습을 드러내려고 하는 것처럼 느껴졌다. 나는 이것을 바라봤고 잠 속으로 빠져 들어 내가 바로 산토끼를 쫓고 있는 블루가 된 꿈을 꾸었다.

"자, 대릴, 이런 정보는 아마도 자네의 아내와 나누고 싶겠지?"

"절대로 그렇지가 않네! 내가 자네들하고 많은 시간을 보낸 이후로, 그녀는 나보다는 차라리 에드나 아줌마하고 얘기하고 싶어 한다네."

죽음에 한 방 먹이기

"제기랄, 대릴, 대체 무슨 일이야? 그래, 우리가 자네를 잘 알지 못한다고 치자. 그래도 우리는 자네에게서 긍정적인 작자라는 인상을 받았어. 그런데 자네 입 속에 대고 있는 그 총은 대체 뭐야?"

"으악…… 아고고…… 피이……."

"대릴, 뭐라는 거야? 입 안에 그런 걸 넣고 말을 하니 우리가 대체 알아들을 수가 없네. 제발 그 입에 것 좀 빼고, 제대로 말할 수 없겠나?"

"스느르ㄱ…… 필트ㅁ…… 스노르크……."

"대릴, 잠깐만 멈추게나. 그 방아쇠를 당기기 전에, 저, 몇 가지 철학적 성격의 질문에 대답 좀 해 주겠나? 시간 많이 빼앗지 않는다고 약속함세.

물론 무無의 영원에 비한다면 자네에게는 가외시간이 있지만 말이야. 그리고, 아니, 아니, 우리는 아무 얘기나 지껄이려는 게 아니야. 절대 그런 일은 없네. 백퍼센트 자네 결정에 달렸어. 우리는 그저 데이터, 알잖나? 삶의 실존적 의미, 자기 괴멸의 도덕성, 생명보험증권에 있는 예외 조항들…… 그런 류의 것들에 대한 데이터를 모으고 있는 중이네. 우선 자네가 20세기 프랑스의 실존주의자 알베르 카뮈가 '궁극적 형이상학적 논제'라고 칭한 것에 직면하게 된 걸 축하해 주고 싶네."

알베르 카뮈는 그의 에세이 〈시지푸의 신화The Myth of Sisyphus〉의 첫 부분에 이렇게 썼다.

> "진정으로 중대한 철학적 문제란 하나밖에 없는데, 그건 바로 자살이다. 삶이 살 만한 가치가 있느냐 아니냐를 판단하는 것은 결국 철학의 근본적인 논제에 답하는 것으로 귀착된다."[28]

알이 말하고자 하는 바는, 어떤 사람이 하나의 대안으로 자살이라는 길이 있음을 알지만 자살하지 않는 길을 선택했다면, 그는 자각적으로 삶을 선택한 것이다. 그것은 바로 그의 또는 그녀의 삶이다. 자신의 존재에 대한 완전한 책임을 받아들이는 첫 걸음을 내디딘 것이다. 그는 존재한다, 왜냐면 그가 존재하기를 선택했으므로. 어떤 의미로는 자신을 창조해 나가는 평생의 과업을 시작한 것이다.

"자네는, '왜 그는 그러기를 원할까'라고 묻겠지? 대릴, 자네가 지금처

"자, 마침내 그가 해내는군!"

럼 그렇게 집게손가락을 구부리고 있는 게 그 질문에 대한 자네 스스로의 대답일지도 몰라. 자네는 자네의 삶을 계속 창조해 나가기를 원할 만한 충분한 이유가 없다는 거지. 그러나 혹시 자네가 이 질문을 충분히 생각해 보지 않았을지도 모르니, 내가 제안하건대 그 질문에 한 번 더 기회를 주기에는 지금이 딱 좋은 때인 것 같네."

카뮈는 딱히 우리가 스스로를 죽이지 않는 선택을 할 만한 긍정적인 이유를 내놓지는 않는다. 그는 삶이, 일반적인 상식으로 볼 때 전혀 의미가 없다고 생각했다. 실상 〈시지프의 신화〉 속 주인공은 매일 거대하고 육중한 돌을 언덕 위로 올렸다가 그 돌이 아래로 굴러 내려오면 또 다시 올리는 일을 반복한다.

"성취감을 가질 만한 충만한 삶은 아니지, 응? 그래서 자네는 우리가 좋아하는 실존주의 커피숍 화장실 벽에 갈겨진 낙서에 카뮈도 동감할 거라고 생각하겠지. '삶은 농담이요, 자살은 바로 급소를 찌르는 말이다.'"

그러나 카뮈는 자살에 반대한다. 그 에세이의 결론에서 카뮈는 "우리는 시지프가 행복하다고 상상해야만 한다"고 쓰고 있다. 어째서 행복할까? 아마도 카뮈의 《이방인The Stranger》에서 처형되기 바로 직전의 반反영웅처럼, "우주의 자애로운 무관심에 그가 마음을 열었기" 때문에? 이처럼 삶은 부조리하고 죽음도 그렇다. 정말 웃기지? 그건 다 우주적 농담이야. 그러니 무슨 상관이야, 그냥 계속하지!

세네카, 자살을 권유하다?

페기 리는 1969년 히트곡인 〈그게 다예요? Is that all there is?〉에서 파티를
즐기는 모든 부조리한 세대들을 대변했다.

> 내가 12살 때 아버지는 지상 최고의 쇼, 서커스에 나를 데리고 가셨네.
> 광대들과 코끼리 그리고 춤추는 곰들이 있었지.
> 그리고 분홍색 타이즈를 입은 아름다운 여인이
> 우리 머리 위로 높이 날았지.
> 난 그 놀라운 광경을 앉아서 지켜보고 있었네.
> 그런데 뭔가가 빠진 것 같은 느낌이 들었지.
> 그게 뭔지는 모르지만, 모두 끝났을 때 난 혼자 중얼거렸어.
> "서커스가 그게 다야?"
> 그게 다야, 그게 다야?
> 만약 그게 다라면, 친구들, 그럼 계속 춤추자.
> 술을 마시고 신나게 즐겨 보자.
> 그게 다라면.
> 네가 자신에게 무슨 말을 하고 있는지 난 알아
> 만약 그게 그녀가 느끼고 있는 거라면
> 그녀는 왜 그냥 모든 걸 끝내 버리지 않는 거야?

오, 아니야, 난 아니야. 그 마지막 실망을 위해 난 서두르지 않아.

왜냐면, 내가 지금 여기서 너와 얘기하며 서 있는 것처럼

그렇게 잘 알아.

그 마지막 순간이 와서 내가 마지막 숨을 쉴 때

내 자신에게 "그게 다야, 그게 다야?"라고 말할 거라는 걸 알지.

만약 그게 다라면, 친구들, 그럼 계속 춤추자.

술을 마시고 신나게 즐겨 보자.

그게 다라면.

　　놀랍게도 이 실존주의적 송가는 〈하운드 독〉로 유명한 작곡가 제리 리
버와 마이크 스톨러가 쓴 것이다. 더 놀라운 것은 이 노래가 토마스 만
_{1929년 노벨상을 수상한 독일 작가로 《마의 산》이 대표작이다}의 단편 〈환멸Disillusionment〉
에서 영감을 얻었다는 것이다.

　　"대릴, 만약 계속 논쟁하는 게 별로라면, 자살에 대한 카뮈의 좀 더 심
각한 생각을 들어 보게나. '자신을 죽인다는 것은 삶의 부조리함을 포용
해야 하는 우리의 책임감을 포기하는 것이요, 도덕적 용기의 실패이다.'
이 얘기는 와 닿나, 대릴?"

　　"으악…… 아고고…… 피이……."

　　"대릴, 이미 끝난 문제를 갖고 또야? 아니면 자네 괴테를 이야기하고
싶은 건가? 자살에는 예술적인, 고뇌의 영혼 같은 그 뭔가 그럴듯한 게
있다고 말하고 싶은 거야? 괴테의 《젊은 베르테르의 슬픔》이 출간되자

전 유럽에 낭만적 자살 열풍이 촉발됐다는 것은 신만이 아는 일이지. 그건 18세기 후반의 낭만주의일 뿐이야."

"니검…… 플러프……."

"대릴, 자네 아직 거기 있는 거지? 좀 크게 말해 봐. 대체 알아들을 수가 없네. 아, 자네의 개인적 상황, 그러니까 입 속에 권총을 물고 있는 실존적 상태로 자네를 이르게 한 그 특별한 상황을 우리가 이해하지 못 한다는 얘기를 하고 있는 거라고 짐작하네만. 미안하네!

진지하게 묻겠는데, 대릴, 자네 혹시 육체적 고통과 정신적 고뇌를 야기하는 죽을병에 걸려서 그러는 건가? 그래서 모든 걸 끝내 버리고 싶은 건가? 그렇다면 자네에게는 아주 좋은 철학적 동지가 있다는 걸 알려 주고 싶네. 좀 격려가 되지 않을까 싶은데."

고대 그리스의 스토아학파는 삶의 목적은 "번성하는" 것 또는 "자연과 동화하며 사는" 것이라고 했다. 따라서 만약 당신이 더 이상 번성하지 않는다면 당신 자신의 목숨을 앗아버려도 괜찮다고 가르쳤다. 로마의 정치가이자 웅변가인 키케로가 말한 대로 "한 사람의 사정이 자연에 부합해 좋은 상황에 있을 때는 계속 살아가는 것이 적절하다. 그러나 그 정반대의 상황으로 여겨지면―대부분의 경우―삶에 작별을 고하는 것이 적절하다."[29]

100여 명이 넘는 환자들에게 안락사를 시행한 죽음의 의사 'Dr. D', 케보르키안 박사도 스토아학파였는지 누가 알았겠나?

케보르키안 박사 혹은 D박사도 다른 사람의 자살을 돕는 것이 옳은지에 대해 좀 더 복잡한 질문을 제기했다. 법적인 문제는 잊어버리자. 도덕적으로 볼 때 조력 자살은 사랑을 표현하는 최고의 행위인가 아니면 살인에 가까운 위험한 행위인가? 아니면 상황 윤리학자들이 묻듯이 "그 모든 게 상황에 따라 다른 거 아닌가?"

스토아학파였던 세네카 고대 로마 제국 시대의 정치가이자 사상가, 문학자이며 네로 황제의 스승는 죽을 권리를 주장하는 사람들의 전유물이 되다시피한 "삶의 질"이라는 말을 사용하기까지 했다. 세네카는 "현명한 사람은 그가 살 수 있는 한 오래가 아니라 살아야 할 정도로만 오래 살 것이다. (……) 그는 항상 자신의 삶의 질에 관해 생각하지, 그 길이에 관해 생각하지 않는다. 자신의 삶에서 문제를 일으키고 마음의 평온을 해하는 많은 일들이 생기면, 그는 곧 자신을 놓아 버린다"고 썼다.[30]

우리 시대의 철학자인 빌 마허는 좀 신학적이지만, 보다 더 간단명료하게 말한다. "케보르키안 박사는 확신하고 있다. 나는 그가 훌륭하다고 생각한다. 왜냐면 자살은 우리가 신에게, '당신이 날 내쫓을 수는 없어. 내가 떠나'라고 말하는 방식인 것이다."

대의, 이상, 혹은 다른 사람을 위해 자신의 목숨을 바치는 일에 대한 별 볼일 없는 논의들

> 나라에 바칠 목숨이 오직 하나 밖에 없다는 것이 유감이다.
>
> _네이던 헤일 독립전쟁 당시 미국 독립군 지휘관

> 이 '조앤 리버스 다이아몬드 더스트 네일 컬렉션'은 정말 목숨과도 바꿀 만하다.
>
> _쇼핑 채널 The Shopping Channel

"자넨 뭘 위해 죽을 건가? 그래, 우린 자네에게 말하고 있는 거야, 대릴. 우리는 자네의 초월적 가치관에 호소하고 있는 거라네. 그리고 그 질문에 자네가 균형 잡힌 생각을 할 수 있도록 아래와 같은 이야기를 들려줌세. 곰곰이 생각해 보길 바라네."

한 조사 자료에 의하면,[31] 다중선택의 답을 할 수 있는 여론 조사에서 응답자의 68%가 "내 자식들"을 위해 목숨을 바칠 수 있다고 답했으며, 이어 2위는 "내 아내/남편" 그리고 "세계를 구하기 위해"가 48%로 동점을 이루고 있다. 다른 대답들로는, "지구상의 모든 사람들의 배움과 앎의 자유"(40%), "자유와 민주주의"(36%), 그리고 "뉴스 검열로부터의 자유"(32%)를 위해 목숨을 바칠 것이라고 했다.

"안락사를 시도하기 전에, 로즈 부인,
한번만 더 아스피린을 써 보지요."

"대릴, 대체 무슨 뜻일까? 자네는, 자네의 목숨과 지구상의 모든 사람들의 배움과 앎의 자유 사이에서 선택을 해야 하는 그런 상황을 아마 쉽게 그려볼 수 없겠지? 자, 한번 예를 들어 보지. 하버드 고전 문학 전집 5만 세트를 싣고 콩고로 향하는 화물기가 있는데, 자네는 그 책들과 함께 비행기 뒷좌석에 앉아 있어. 그런데 조종사가 갑자기 죽어버렸어. 그리고…… 그리고…… 어, 대릴? 이 얘기 계속해도 되겠나?"

이 조사에는 단지 25명만 대답했고, 이들 개개인은 또 자신이 목숨을 바칠 수 있는 것으로 평균 2.7개를 선택했으니, 이들 특별 그룹이야말로 정말 '죽음에 관한 한 대단한 사람들'이라고 부르고 싶을 정도다. 더더구나 역사를 통해 위대한 남녀들은 그들의 대의를 포기하기보다는 차라리 죽음을 선택했다.

대부분의 병사들은—자살 폭탄자나 가미가제 조종사들은 예외로 하고—자신의 조국을 위해 실제 죽기로 선택했다기보다는 조국을 위해 죽는 위험을 감수하는 것이 찬양할 만한 일이긴 하지만 그보다는 좀 낮은 정도의 결의를 택했다고 볼 수 있다.

플라톤의 《변명apology》에서 소크라테스는 아테네의 젊은이들을 철학으로 물들이는 것을 멈춘다면 무죄 방면해 주겠다는 제의를 받았고, 그에 응하지 않으면 죽음뿐이라는 것을 알면서도 그 제의를 거절했다. 또 잔다르크는 어떤가? 논의의 여지가 있겠지만, 잔의 죽음은 자발적이었다고 볼 수 있다. 즉 15세기에 남장을 한 전사로 그 이력을 시작했을 때에는 결국에 그러한 죽음이 불가피함을 이미 알고 있었을 것이기 때문이다.

어떤 철학자들은 대의, 이상 혹은 다른 사람을 위해 자신의 목숨을 바치는 주제에 대해 논하기도 했지만, 대체적으로 별 볼일 없는 것들이다. 예를 들면 영국의 철학자인 버트런드 러셀은 "난 절대 내 신념을 위해 죽지는 않을 것인데, 왜냐면 내가 틀릴지도 모르니까"라고 말했고, 프랑스의 철학자이자 게이인 미셸 푸코는 "소년들의 사랑을 위해 죽는 것, 그보다 더 아름다운 것이 있을 수 있을까?"라고 말했다. 그러나 고대 그리스 철학자인 에피쿠로스─요리 사이트 말고─<small>그리스 어원에 미식가를 뜻하는 epicure 라는 단어가 있는데 요리 사이트와 이름이 같다</small>는 좀 더 심오한 견해를 갖고 있었다. 그는 현명한 자는 자신의 친구를 위해 가끔 죽기도 마다하지 않는다고 말했다. 이는 "우리의 모든 행동은 우리 자신의 쾌락을 최대화하고자 하는 욕망에서 나온다"고 주장한 그 사람에게서 이런 말이 나오리라고는 전혀 예상치 못할 놀라운 정서이다. 아마도 그건 에피가 죽음을 정말 별 대수가 아니라고 생각했던 데서 일정 부분 비롯된 것이 아닌가 싶다. 그는 "죽음은 우리에게 아무것도 아니다. 왜냐면, 우리가 존재하고 있으면 죽음이 오지 않은 것이고, 죽음이 오면 우리가 존재하지 않으니"라고 썼다. 그러니 걱정 말고, 행복하시라.

그래서 오늘의 과제는 바로, 백 단어 이내로 무엇을 위해 죽을 건지 쓰는 것이다. (주의: 조앤 리버스 다이아몬드 더스트 네일 컬렉션은 품절됐으니 선택할 수 없음)

"넌기…… 스니크…… 프럽……"

"어떻고 대릴? 그게 아니라고, 자넨 건강에 전혀 문제가 없다고 말하고 있는 건가? 오케이, 이제야 알겠네. 자네 우울하군. 계속 안 좋은 일들이 겹쳤었지. 자네 주식은 곤두박질치고, 아들 대릴 주니어는 자네의 여동생과 데이트하고 다니고, 아내는 자유연애 숭배 집단에 들어갔고. 엉망진창이 된 자네의 삶에 그저 마지막 작별을 고하고 싶은 거지. 자네의 고통을 절감하네. 그러나 자살에 대해 자네가 고려해 보지 않았을 몇 가지 도덕적 문제로 들어가기 전에, 자네가 간과했었을 몇 가지 실질적 문제를 다루는 우화 한 편이 여기 있다네."

자기 아내가 자신을 속이고 있다고 의심하는 한 얼간이가 있었다. 하루는 집에 전화를 거는데 아내가 숨을 헐떡이며 전화를 받는 게 아닌가. 그는 모른 척 잘 넘기고서는, 아내 모르게 집으로 갔다. 집에 도착해 침실을 향해 살금살금 계단을 올라가서는 문을 와락 열자, 아내와 이웃집 남자가 정사를 벌이고 있는 것이 아닌가. 그 얼간이는 비명을 지르고, 고래고래 고함을 쳐대면서 비난의 장광설을 늘어놓았다. 드디어 그는 총을 꺼내 자신의 머리에 대고는 "정말 참을 수 없어, 난 죽어 버릴 거야"라고 외쳤다.
그 말에 그의 아내와 그 이웃 사내가 웃자 그 얼간이가 말하길, "웃지 마, 다음은 너희 차례야!"

"우리 어디까지 진도 나갔지? 아, 그래, '선택은 자유다.' 즉 이제껏 있었던 가장 위대한 철학자들 중 일부는 자네의 최종 행동을 아주 부도덕하게 여긴다는 사실을 자네가 전혀 개의치 않는다면, 그렇다는 말이지. 그러니 잠시 한숨을 돌리고 잘 들어 보게나."

성 아우구스티누스 고대 기독교의 지도자이자 신학자는 자살이란, "너는 살인을 해서는 안 된다"라는 계명을 거역하는 것이라고 주장했다. 그는 성서에서 자애自愛야 말로 사랑의 황금 기준이라고 말한다. 네 이웃을 네 자신처럼 사랑하라, 따라서 살인하지 말라는 계명은 분명히 자신을 죽이지 않는 것도 포함한다. 아우구스티누스는 스토아학파의 번성이라는 개념이 너무 협의의 어휘라고 말한다. 그는 우리에게, 사도 바울의 말에 귀를 기울여야 하며 사후 세계의 그 형용할 수 없는 행복을 인내심을 가지고 기다리며 그 기대를 잃지 말라고 말한다.

성 토마스 아퀴나스 중세 유럽 스콜라 철학을 대표하는 이탈리아의 신학자는 자살이 자연법, 자애의 법에 반反하는 것이라고 주장한다. 또한 그는 자살에 관한 오늘 우리의 논의에서도 상기할 수 있는 두 가지의 또 다른 고려 사항을 추가하고 있다. 첫째, 자살은 공동체에 해를 끼친다. 아마도 초보자들을 위한 매장 비용을 말하는 것이라고 추측된다. 둘째, "생사의 선고를 단언하는 것은 오로지 신에게만 속한 것이다." 이 두 번째 혹은 이와 같은 몇몇 변형된 자연법이 자살을 금지하는 미국 여러 주의 법에 반영되어 있다.

한편, 영국 계몽 철학자 데이비드 흄은 "공동체의 해害"에 관한 논의들을 세속적 관점에서 고찰하고는 그것이 설득력이 없다는 것을 알았다. 그는 공동체에 대한 우리의 가치가 아주 미미하거나 또는 공동체에 오히려 부담이 되는 때가 닥친다고 주장했다.

"사회의 이득을 촉진하는 데 내가 어떤 힘도 더 이상 발휘할 수 없다고 생각해 보자. 내가 사회에 짐이 된다고 생각해 보자. 어떤 다른 사람이 사회에 훨씬 더 유익하게 되는 것을 나의 삶이 방해한다고 생각해 보자. 이런 경우들에는 삶에 사직을 고하는 것이 아무 잘못도 아닐 뿐더러 또한 칭찬할 만한 것이다."[32]

선 시티Sun City, 남아프리카공화국 노스웨스트주에 있는 인공 휴양도시의 어르신들이 유독 흄을 싫어하는 게 바로 이런 주장들 때문이다.

그러나 흄과 동시대인이었던 독일의 임마누엘 칸트근대 계몽주의를 정점에 올려놓고 독일 관념철학의 기초를 이룬 프로이센의 철학자는 자살—그리고 여타의 거의 모든 것들—을 의무의 문제로 보았다. 그의 주장에 따르면 우리의 이성적 의지는 우리의 도덕적 의무의 원천인데, 자살로 이성적 의지를 파괴하는 것을 과연 어떻게 도덕적으로 받아들일 수가 있단 말인가? 그것은 《도덕 형이상학원론 Fundamental Principles of the Metaphysics of Morals》 같은 제목의 책에서 우리가 기대함직한 종류의 질문이다. 아래의 이야기를 통해, 아마도 우리는 의무의 개념에 대해 좀 더 확실히 이해할 수 있을 것이다.

어느 부인이 집에 일찍 돌아와 보니 남편이 그녀의 절친한 친구 루시와 함께 침대에서 뒹굴고 있다. 그녀는 의심스러운 눈초리로 루시를 노려보더니 소리친다, "내가 할 일인데! 네가 왜??"

"대릴, 대릴?"

"데이브, 우리 회사는 정해진 퇴직 연령은 없네만,
어떤 상황에서는 사람들이
죽음을 택하도록 격려하는 경향이 있다네."

"우글…… 플러프…… 휴우! 드디어 어금니에서 그 허연 덩어리를 빼
냈어!"

"이를 쑤시기 위해 총을 쓰고 있었다는 거야?"

"그럼 개를 산책시키려고 나온 내가 이쑤시개를 갖고 나왔겠어?"

죽지 않음으로써
불멸하기

Heidegger and a Hippo
Walk Through those Pearly Gates

모든 윤리적 형이상학적 문제들은 차치하고, 그래서 '영원'이란 건 대체 몇 년인데?

"대릴, 우리는 자네를 잘 모르네. 그리고 죽음과 관련된 이 모든 비즈니스들이 과거지사가 될 가망도 없지. 그래도 희망은 버리지 않아. 이와 관련해 우리는 우디 앨런과 같은 마음인데 그는 이렇게 말했다네. '나는 내일로 불멸을 성취하고 싶지 않아. 나는 죽지 않음으로써 불멸을 성취하고 싶어'라고."

환생이나 또는 가벼운 날개를 달고 천국을 돌아다닐 필요가 없는 세상을 상상해 보라. 지상 세계의 삶 뒤에 내세의 목적 지점들을 망라하는 카탈로그 따위 내동댕이쳐 버릴 수도 있다. 대신 당신은 지금 살고 있는 그곳에서 영원히 그저 인간으로서 계속 존재하게 된다.

지상에서의 영원한 수명이 갖는 그 많은 매력 중에서도 특히 최고의 매력은 친밀했던 것들과 헤어지지 않아도 된다는 점이다.

"대릴, 자네를 자네이게 만든 그 모든 것들과 같이 할 수 있다는 것, 즉 메츠Mets, 1962년에 창단된 뉴욕시의 프로야구단를 향한 자네의 열정과 인근에서 최고의 피자는 바로 귀도네 가게라는 것을 아는 일 같은, 그런 익숙함. 불멸을 위한 그 모든 사후 세계의 선택에는 신념의 도약과 근본적인 탈바꿈이 요구되지. 주소와 옷장이 급격히 바뀌는 것은 두 말할 필요도 없고."

"그냥 해보는 소리지, 그렇지?"

"아니야, 진짜로, 대릴!"

최근까지도 생물학적 불멸은 단지 어린이들의 환상이나 공상 과학 소설 속에만 있었다. 그러나 세포 생물학과 인공 지능 분야에서의 최근의 발견 덕분으로 고급 학위를 소지한 만만찮은 과학자들이 배출되었다. 이들은 스스로를 생물학적 불멸주의자들이라 칭하는 연구자들로, 사고사事故死가 아닌 모든 죽음을 사라지게 할 세포 치료와 복제 같은 유전학 분야에서의 혁신적 발전의 가능성을 예견하고 있다. 그리고 저온생물학적 보존 분야의 불멸주의자들도 있는데, 이들은 우리가 그 혁신적인 실현의 날을 기다리는 동안 우리를 냉동시키는 데 돈을 투자하고 있다. 또한 사이버 불멸주의자들도 있는데, 이들은 인간 신경계의 디지털화가 불멸의 열

쇠라고 보는 사람들이다. 이들은 그리 멀지 않은 미래에 자신과 자신의 동류가 바로 지금 당신이 존재하는 것과 대동소이하게 영생할 수 있는 방법을 제공할 수 있으리라는 가능성—그게 아니라, 가망—을 마음속에 품고 있다.

마음이 조금 불편할지 모르겠지만—특히 철학자라면—우선 전혀 새로운 윤리적 문제들이 우리의 마음을 아주 혼란스럽게 한다. 과연 그 모든 영원 불멸자들을 지구에 다 수용할 수 있을까? 무한한 수명이 정말 자연스러운 것일까? 성스런 것? 바람직한 것? 그럭저럭 지낼 만한 것? 지겨운 것? 장기적인 유대에 그것은 어떤 영향을 미치게 될까? 장기적 관계는? 우주에서 모든 시간을 보내게 될 텐데, 결혼하려면 수천 년을 기다려야 되는 걸까? 분명 이 마지막 질문은 또 다른 문제를 야기한다.

> 숀과 브리짓은 40년 동안 꾸준히 교제를 지속해 왔다. 그러던 중, 하루는 케리의 푸르른 언덕을 한가로이 산책하고 나서, 숀이 브리짓에게 고개를 돌리며 말했다. "저, 우리 이제 결혼해야지."
> 브리짓의 대답은 "벌써? 우리 나이에, 누가 우릴 결혼하게 하겠어?"

오늘날 주요 대학에서 과학자들이 하고 있는 '복제불멸', 저온불멸', 그리고 '사이버불멸' 등에 대한 연구를 뒤져 보면 볼수록 형이상학적, 인식론적 문제들 또한 만만치 않게 생겨난다. 내가 단지 해빙된 뇌라면 난 여전히 나인가? 만약 내가 재생된 줄기 세포로 만들어진다면? 만약 내가 단지 마이크로칩에서만 존재한다면? 네 개의 내가 있다면 과연 누가 진짜 나란 말인가? 가상의 섹스를 하기 위해, 난 여전히 콘돔이 필요할까?

그러나 결코 죽는 일이 없는 삶 속으로 더 헤집고 들어가 보기 전에, 대체 영원이란 얼마나 긴 지에 대해 잠깐만 생각해 보자. 약간의 통찰을 얻기 위해 다시 한 번 앨런에게로 가 보자.

"영원은 아주 길다. 특히 그 끝에 다가가면 더욱더 길다."

여기서 우디가 뜻하는 바는, 영원의 끝에 거의 다다랐다고 막 생각할 때, 골대가 옮겨진다는 것이다.

어머니의 장례식을 마친 뒤 집으로 돌아 온 사이먼은 집안을 정리하다가 다락에서 아주 낡은 트렁크 하나를 발견한다. 그 안에는 아버지가 입었던 제2차 세계 대전 당시의 군복이 있었다. 사이먼이 입어 보니 약간 작은 듯했다. 그런데 군복을 벗기 전에 주머니에 손을 넣었다가 종이 한 장을 발견하게 된다. 펼쳐보니 웨스트 53번가 헤르만 구두 수선 가게의 수선 티켓으로 1942년 1월 14일자로 표시되어 있다. 그는 믿을 수가 없었다. 찾지 않은 구두 수선표가 거의 70년이나 그대로 있었다니!

몇 주가 지난 뒤, 사이먼은 우연히 웨스트 53번가 부근을 지나게 되었고, 그 수선 가게를 찾아보려고 어슬렁거린다. 그는 자신의 눈을 믿을 수가 없다. 구두 수선 가게가 아직도 거기에 있는 것이 아닌가. 그는 안으로 들어가 카운터에 앉아 있는 노인에게 그 수선표를 찾게 된 얘기를 들려준다. 그러자 그 노인은 자기가 헤르만이고 70년 동안 이 가게를 운영해 오고 있다고 말한다. 헤르만은 "그 표 줘 보게!"라고 소리를 지르더니 가게 뒤쪽으로 걸어간다. 사이먼은 놀라움을 금할 수가 없다.

잠시 후에 헤르만은 다시 발을 질질 끌며 오더니 퉁명스럽게 말했다.

"오케이, 그 구두가 내게 있네. 돌아오는 화요일까지 수선해 놓을 테니, 그 때 다시 와 보게나."

진화 미생물학 관점에서 보자면, 너무나 당연한 영원불멸

의학의 관점에서 보자면 죽음을 예방하자는 생각은 기본적으로 의사들이 이미 목표로 하는 바이니, 죽음을 '영원히' 예방하자는 것은 히포크라테스적 계획서를 그저 연장하는 것일 뿐이다.

"저희가 환자분의 동맥경화증을 완전히 해치워 버렸습니다. 다른 이유로 사망하시게 될 거라고 말씀드릴 수 있어 정말 다행입니다"라고 말할 의사는 없을 것이다. 오히려 그와는 반대로, 죽음의 히트 목록에서 최상위를 차지하기 위해 줄지어 기다리고 있는 질병들에 대해선 전혀 언급하지도 않으면서, 주요 사망 원인—심장병, 뇌졸중, 그리고 암—을 확 잡아버릴 약의 화려한 목표에 대해서만 항상 떠들고 있다. 이렇듯 의사들은 마치 불멸주의자인 양, 마치 우리가 앓게 될 모든 고통을 치유해 줄 수 있는 양 처신하고 있다.

가장 많이 생일을 치르고 죽는다는 것, 즉 장수하는 것은 단명하는 것보다는 훨씬 더 재미있어 보인다. 우선은 그것이 우리에게 좀 더 다양한 삶의 가능성들을 주기 때문이다. 그러나 여피족들이 60대에 이르자, 장수에 새로운 부가 가치가 얹혀졌다. 즉 좋은 직장을 얻거나, 자신의 소설에 대한 영화 제작권을 팔거나, 안젤리나 졸리를 유혹하거나 하는 일 등이 하나의 성취로 여겨지게 된 것이다.

파킨슨병이라는 진단을 받은 후에 "내가 너보다 더 오래 살아"라는 통찰에 대해 생각하게 된 마이클 킨슬리 미국의 정치 분야 언론인, 논평가이자 TV 사회자가 〈뉴욕커〉 잡지에 기고한 에세이에서 말하고 있듯이, 경쟁적 장수가 점점 나이 들어가는 베이비붐 세대들의 마지막 대시합이 되고 있다. 킨슬리는 이렇게 쓰고 있다.

> 삶과 행운이 가져다 줄 수 있는 그 모든 선물 중에—준수한 외모, 사랑, 권력—장수는 사람들이 자랑하기에 가장 덜 꺼리는 것이다. 보통 그들은 장수를 일종의 미덕으로 여긴다. 90살까지 사는 게 좋은 유전자를 타고 났거나 트럭에 치이지 않은 덕이라고 여기기보다는, 무엇보다도 열심히 일하고 기도한 결과이기라도 한 것처럼.[33]

물론 이런 경쟁에는 그 안에 내장된 패러독스가 있다. 즉 그 대단원의

'죽다'라는 말을 결코 입에 올리지 않는 의사들

"브라이언트 부인, 좋은 소식이네요.
다 된 것 같습니다."

결승선에 다다른 마지막 주자 뒤에는 그 나이대 사람이라곤 아무도 없으니, 결국 그 주자는 이길 사람이 전혀 없는 것이다.

코미디언 스티브 라이트는 귀리 기울을 와삭와삭 먹는 '부머들미국의 베이비 붐 세대들'을 나름대로 관찰한 뒤 이렇게 말했다.

"술도 안 마시고 마약에 손도 안 대는 사람들, 참 딱해 보인단 말이야. 왜냐면 언젠가는 그들도 병원 침상에서 죽어갈 텐데, 왜 죽는지 그 이유도 모를 거 아냐."

진화 미생물학 관점에서 보자면, 무한한 수명은 태고의 진흙 속 걷기처럼 친숙하다. 우리의 생식 계열, 즉 난자와 정자를 생산해 내는 세포들은 이 점액에서 생겼고, 우리는 이와 똑같은 기본적 세포 물질을 우리 안에 갖고 다닌다. 따라서 미생물학자들은 우리 인간에게 최소한 어떤 불멸의 부분들이 있다고 말한다. 즉 우리는 우리의 생식 계열을 무한히 재생산해 낼 수 있는 능력을 갖고 있다. 이는 영원히 사는 단 하나로 된 복잡한 유기체와는 분명히 다른 것이지만 옳은 방향으로 발걸음을 내딛고 있는 것이다.

진화적으로 말하자면, 외견상 우리 인간이 잘못하고 있는 것은 우리가 재생산하는 방식, 즉 모든 남/녀, 정자/난자 같은 것에 있다. 단세포 유기체는 자신의 몸을 생물학적으로 똑같은 두 부분으로 분열시킴으로써 재생산해 낸다. 이 재생산의 분열을 거치고 나면 두 개의 어린 단독 세포들이 태어난다. 그 원세포는 더 이상 활동하지 않으니 나이를 먹어 늙을 리도 없다. 따라서 이 종種은 생물학적 불멸을 보유한다고 보는 게 타당하다. 섹시하지 않은 성생활을 위해선 괜찮은 균형이다. 그러나 단세포 유기체 또한 탱고 레슨과 스크래블낱말 놀이 대회를 놓친다. 그럼에도 불구하고 중요한 핵심은, 재생산을 위한 우리의 양성兩性시스템이 일단 진화된 뒤에, 불멸의 이 원초적 형태가 우리에게서 상실되었다는 점이다. 여자들, 자네는 그녀들과 함께 영원히 살 수 없고, 또 그녀들 없이 영원히 살 수도 없는 걸세.

불멸의 의사께서 납시다

현대에는 다양한 불멸 요법들이 시행되고 있는데, 합리적이고 건전한 이론적 모델들도 많고 유망한 연구가 지속적으로 진행되기도 한다.

줄기 세포 대체 치료법을 보자. 이는 손상되거나 죽은 신체의 한 부분을 분화되지 않은 세포(줄기 세포)에서 생성된 신체 부분으로 대체하는 재생 의학의 한 형태이다. 대부분의 세포들은 특정한 기능—말하자면 피부 세포 또는 뇌 세포처럼—을 갖고 있어서, 일단 그 특별한 기능(분화)을 맡으면 여타의 다른 기능에 맞게 변할 수가 없다. 그러나 줄기 세포는 분화되지 않은 것이므로 올바른 지시로 일단 '프로그램화' 되면 인간 신체 내의 그 어떤 세포 속에서도 성장할 수가 있다.

줄기 세포 치료법은 혈액 손상 환자에게 혈액 생산 세포를 투입하는 데 성공을 거두었다고 주장하며, 이 외에도 척수와 부분적 뇌 대체 등과 같은 여러 가지 줄기 세포 대체 치료가 진행 중에 있다. 분화전능分化全能, totipotent성 세포 역시 고려되고 있는데, 이 세포는 신체에 삽입하면 손상되었거나 죽은 그 어떤 신체 부분이라도 필요에 맞게 꼭 알맞은 때에 재건해낼 수 있는 세포가 된다고 한다.

이것이 불멸에 어떤 영향을 줄지 짐작해 보기 위해, 1956년 GM사에서 생산한 셰비 벨 에어Chevy Bel Air로 한 번 상상해 보자. 이 모델은 수차례에 걸쳐 그 모든 부품이 교체되어 지금은 마치 새 것일 때와 똑같은 모습이다. 단 한 가지, 어떤 부품도 애초의 재료로 만들어진 게 없다는 것. 자, 이제 당신이 그 벨 에어라고 상상해 보자. 어때, 괜찮아, 데릴? 기분 좋아? 그러거나 말거나? 물론 신체는 정규적으로 세포를 재생해내지만 그것은 한계, 즉 죽음에 이르기까지만 그렇다. 그러나 분화전능성 세포의 삽입은 그렇지가 않다. 그것은 영원불멸을 위해 매진하고 있는 중이다.

여기까지 왔다면 이제 우리는 DNA에 내장된 죽음에 대한 동경을 바로 잡는 불멸 전략인 텔로머라아제telomerase, 말단소립복제효소로 염색체 끝을 보호하는 역할을 통해 세포 노화를 억제한다. 모든 세포는 이 텔로머라아제 유전자를 갖는다 치료법을 놓칠 수 없다. 텔로미어telomere, 말단소립, 세포 시계 역할을 담당하는 DNA 조각들가 염색체 끝이 풀어져 서로 엉겨 붙는 것을 막아줌으로써, 즉 유기체의 유전적 정보를 엉망으로 만들고, 암 그리고(또는) 죽음을 초래하게 되는 것을 방지한다는 점에서 과학자들은 텔로미어를 종종 신발 끈의 양쪽 끝에 있는 플라스틱으로 된 부분에 비유하곤 한다. 그런데 이런 기능에는 커다란 단점이 있다. 세포가 분열할 때마다 매번 텔로미어 길이가 줄어들고,

너무 많이 줄어들면 마침내 세포가 절단된다는 점이다. 이는 우리의 모든 염색체 속에서 째깍거리는 시한폭탄이다. 이런 사정으로 유전 공학 회사인 제론Geron의 아주 똑똑한 사람들이 우리들의 텔로미어 속에 어떻게 하면 더 많은 텔로스telos, 그리스어로 '끝'을 뜻한다를 넣을까 하는 연구에 박차를 가했던 것이다.

1977년 제론사 연구진은 염색체 끝에서 '노화 시계'를 되돌려 감는 텔로머라아제라는 이름의 단백질 암호화 유전자를 발견했다. 지금까지 그들은 다양하고 풍부한 삶의 기회가 엄격하게 제약 받는 실험실에서만 성공을 거두었을 뿐이다. 제론사의 연구진들은 텔로머라아제 치료로 인해 미래에는 노화가 무한히 멈추게 될 것이라고 추정한다. 그러나 대부분의 과학자들은 그것이 노화를 역전시킬 수 있다고는 생각하지 않는다. 당신이 말콤처럼 75살이라면, 이를 기억하시라.

산책을 하고 있던 말콤은 배수로에서 개구리 한 마리를 보았다. 그런데 놀랍게도 그 개구리가 갑자기 그에게 말을 하기 시작했다.

"어르신, 제게 키스해 주시면 제가 아주 아름다운 공주로 변할 겁니다. 그러면 저는 영원히 당신 것이 되어 매일 미치도록 뜨거운 밤을 같이 보낼 수 있답니다."

말콤은 허리를 구부려서 그 개구리를 주머니에 넣고는 산책을 계속했다.

그 개구리는 "이봐요, 내 말을 못 알아들은 것 같은데. 내게 키스해 주면, 아름다운 공주로 변해 매일 뜨거운 밤을 보낼 수 있게 해 준다니까"라고 말했다.

그러자 말콤이 대답하길, "자네 말은 잘 알아들었어. 그런데 내 나이쯤 되
어보면 말하는 개구리를 갖는 편이 훨씬 낫다는 걸 알게 된다네."

생명을 무한히 연장하려는 또 하나의 생명공학적 전략으로는 우주 시
대의 이름에 걸맞는 나노로보틱스 nanorobotics라는 게 있다. 이는 신체의
분자 구성 요소와 같은 크기, 즉 0.1에서 10마이크로미터 범위에 이르는
미세한 장치이다. 줄기 세포 대체와 유사한 방식으로 작동하는 나노로봇
은 분자 단계쯤에서 탐색 수선 임무를 영구적으로 수행하기 위해 신체 내
에 삽입시킬 수 있을 것이다. 불멸의 의사가 이제는 우리 속에까지 들어
와 있게 된다. 나노로보틱스 과학자들은 향후 20년에서 30년 이내에 운
용 가능한 모델이 완성될 것으로 믿는다. 그때까지 살 것 같지 않다고 해
도 걱정 마시라. 인체 냉동 보존 요법이라는 게 바로 오늘 내일하며 준비
되고 있으니까.

극저온학 cryogenics은 냉동식품의 아버지인 클래런스 버즈아이 미국의 발
명가만큼이나 케케묵은 것이다. 그는 모피 무역업자로 래브라도에 있을
때 에스키모인들이 양식으로 쓰려고 생선과 순록을 냉동시키는 것을 보
고서 수백만 달러를 안겨줄 그 아이디어에 착안했다. 에스키모인들은 해
빙된 돌고래 고기를 먹고는 "얌!" Yum, 맛있는 것을 생각하며 내는 소리로 피자헛, 타코
벨, KFC등을 소유한 미국 세계 최대 패스트푸드 회사 이름이기도 하다이라 말했다고 한다.

그래, 버즈아이가 인체 냉동 보존술을 발명한 것은 아니지만, 그가 발

"해리스, 자넨 해고된 게 아니네. 사정이 다시 좋아질 때까지
자네를 동결frozen시키는 것뿐이네."

견해낸 원리는 전 세계 실험실에서 사용하는 냉동기에 오늘도 살아 있다. 냉동 보존은 세포 또는 완전한 조직을 영도 이하로 냉각시켜 보존하는 과정이다. 그 온도에서는 세포를 죽게 할 수도 있는 여하의 반응을 포함한 모든 생물학적 활동이 중지된다.

요즘에는 추후에 해빙시켜 사용할 목적으로 정자, 수정란, 그리고 배아 등을 냉동시키는 것이 통상적인 일이다. 그렇다면 나중을 위해 인간 전체를 냉동시키는 일이라고 안 될 게 있나? 해당 질병에 대한 치료약이 없을 때 냉동시켰다가 치료법이 나오게 되면 다시 해빙시켜 살면 되지 않을까?

자, 그러나 미래에 소생시키기 위해 신체를 냉동하려면 신체가 아직 살아 있을 때 해야 하기 때문에 실질적인 문제가 끈질기게 따라 붙는다. 당신을 냉동하는 최적의 시점에, 만약 당신이 한창 중요한 금융 거래 중이거나 혹은 격렬한 정사情事 중이라면, 정말 딜레마가 아닐 수 없다. 이제까지 전체적 혹은 부분적(예를 들어, 뇌의 경우) 냉동을 선택한 사람들은 가능한 한 죽음의 순간 바로 뒤에 냉동이 되는 좀 더 불확실한 길을 택했다. 우리가 보기에 이는 신뢰의 부족으로 인한 선택이다.

극저온학의 또 다른 문제 역시 신뢰와 관련된다. 즉 미래에 과연 어떤 사람이—아마도 당신을 전혀 몰랐던 어떤 사람—자신의 시간과 비용을 들일 가치가 충분하다고 판단해, 당신을 해빙시키고 당신을 고통에 빠트렸던 그 원인을 해결할 것인가라는 신뢰 여부의 문제 말이다. 정확히 무엇이 그 사람에게 동기를 부여할까? 아마도 변호사를 통해 이 미래의 구원자가 당신 냉동고의 문을 열 수밖에 없도록 계약서를 작성해 놓을 수도 있다. 그러나 그것도 확실한 보장이라고 생각되지 않는다. 잘 알다시피, 냉동시키지 않은 인간들이란 믿을 수가 없다.

한 사내가 많은 어휘를 구사할 줄 아는 앵무새를 아주 비싼 값에 구입했다. 집에 돌아오는 내내 이 새는 셰익스피어와 딜런 토마스를 읊어댔는데, 일단 집 안으로 들어오자, 그야말로 온갖 상스런 육두문자를 늘어놓기 시작했다.

"야, xxxx! 너는 이걸 집이라고 살고 있냐, xxxx?"

그 새는 계속 욕지거리를 해댔고, 주인이 그만하라고 할 때마다 더욱 더 거칠고 상스러운 말을 내뱉었다.

마침내 화가 난 주인은, "좋아. 그럼 점잖게 말할 때까지 차가운 맛 좀 봐라"하며 새를 잡아 쥐고는 냉장고에 집어넣었다.

몇 분간 고함을 질러대던 앵무새가 갑자기 조용해지자 주인은 냉장고 문을 열었다. 그러자 앵무새는 주인 어깨 위로 폴짝 뛰어 올라 앉더니, "주인님, 죄송해요, 제발 용서해 주세요"라며 빌었다. 그러고는 뒤돌아서 혼잣말하길, "그런데, 저 애송이 xx가 나한테 무슨 짓을 한 거지?"

저승사자의 실업 문제와 여타의 고려 사항들_조나단 스위프트의 소박한 제안

지상에서의 불멸 가능성으로 인해 야기되는 현실적인 문제들 중에는 환경 윤리라는 도덕적 고려 사항들이 있다. 환경 윤리는 응용 윤리학에서 최근에 세분화된 분야로 좀 더 단도직입적으로 말하자면, "대체 죽지 않은 이 모든 사람들을 어디에다 갖다 놓을 거야?"라는 우려이다.

급증하는 인구와 부족한 자원으로 이미 중압감에 시달리고 있는 이 세상에, 우리의 기본적 인구 안전장치—저승사자—가 그 낫을 걸어두고만 있다면 우리는 어떡해야 할까? 확실한 해결책은 다른 쪽 끝을 잘라 버리는 것이다. 즉 아주 늙은 신체들을 위해 새로운 신체의 생산을 줄이거나 아예 끝내 버리는 것을 말한다.

의심의 여지없이, 영어권에서 가장 위대한 정치 풍자 작가인 조나단 스위프트는 그 유명한 1729년의 에세이 〈소박한 제안: 아일랜드의 빈민층 어린이들이 부모와 조국에 짐이 되는 것을 방지하고, 또한 공공에 유익하도록 만들기 위해〉에서 과잉 인구에 대한 자신만의 독특한 해결책을 밝혔다. 다분히 스위프트다운 이 산문에서 그는 빈민층의 어린이들을 부유층을 위한 양식으로 팔아 그들의 경제적 역경을 역전시키라고 제안했다. *흠, 그것도 한 방법이겠군.*

개혁파 유대교의 기념제인 욤 키푸르(속죄일)의 통절한 묵상에서는 재생산 없는 불멸이라는 해결책을 좀 더 진지한 태도로 비난한다.

만약 어떤 메신저가 와서 죽음을 물리쳐 주는 대신 탄생 또한 중지해야 한다는 조건을 내건다면? 만약 현 세대에게 영원히 살 수 있는 기회를 주되 다시는 어린이나 젊은이도 없고, 첫사랑도 없을 것이며, 다시는 새로운 희망, 새로운 생각, 새로운 성취를 갖는 새로운 사람도 없을 것이라는 점을 확실히 약속하라고 한다면? 이 세상에는 항상 우리들만 있고 절대 그 어느 누구도 새로 태어나지 않는다면? 그 대답이 뭔지는 의심의 여지가 없는 것 아닌가?

물론 생물학적 불멸의 전망이 완벽하게 현실적인 것이라고 해도, 그것이 모두 다에게 현실이 되라는 법은 없다. 전 세계 인구의 대부분은 기본적인 의료 혜택조차 누릴 수 없는 상황이다. 따라서 탐색 치료를 하는 나노로봇이 원하는 사람 누구에게나 유용하게 쓰일 가능성은 그리 커보이지 않는다. 그럴 가능성보다는 오히려 워렌 버핏, 빌 게이츠, 그리고 타이거 우즈 같은 사람들, 즉 영원한 현존과 같은 그렇게 값비싼 취미를 감당할 만큼 돈이 많은 사람들만의 전용이 될 공산이 훨씬 크다. 분명 불공평하게 들리겠지만, 어차피 이건 공평치 않은 일이다. 왜냐면 이는 '적자생존適者生存'의 개념에 '적자영존適者永存'이라는 아주 새로운 의미를 부여하는 것이기 때문이다.

현상학과 심리학의 모호한 경계에는 '인간임'에 대한 우리의 경험이 생물학적 불멸로 인해 어떻게 변화될까라는 질문이 자리 잡고 있다. 이러한 변화들은 우리가 정말로 예상했던 것들인가?

"아들아, 뒤늦게 후회하는 것보다야 안전을 기하는 게 낫지 않겠니?"

자, 당신의 몸 안에는 나노로봇이 있다. 그 로봇이 분주하게 움직여 당신 신체의 쇠잔해가는 부분을 다 고쳤다. 이제 그 어떤 질병이나 마모로 인해 영면하게 될 일은 더 이상 일어나지 않는다. 그래도 여전히 그 작은 로봇들에게는 그 나름의 한계가 있다. 당신이 만약 건물에서 떨어지는 그랜드 피아노에 깔려 사라진다거나 혹은 그랜드 캐니언으로 향하는 〈델마와 루이스Thelma and Louise〉의 차에 편승하기라도 한다면, 그 작은 로봇도 전혀 손을 쓸 수가 없게 되는 것이다. 이제 당신이 죽을 수 있는 유일한 방법은 이러한 재앙으로 인한 죽음뿐이다.

이렇게 되면 당신의 사고방식에 어떤 변화가 생길까? 이제 더 이상 당신의 상황은 지금 아니면 더 뒤에, 즉 언제 죽느냐가 아니다. 이제 대체 당신이 죽을 건지 아닌지가 문제가 된다. 당신은 아마도 내기 판이 더, 아주 한참 더 커졌다고 느낄지도 모르겠다. 새로운 상황에서는 위험이 완전히 사라진 삶을 살게 되지 않을까? 예를 들면, 땅 속에 묻힌 방폭 상자 안에 격리된다든가.

드디어 니체가 슈퍼맨과 함께 나타나다

'앙뉘ennui, 권태' 시큰둥함과 한숨이 지겹게 만연한 삶에 극도로 따분함을 나타내는 실존주의 프랑스어. 이 문제는, 영원한 삶의 전망과 함께 생제

르멩데프레에 있는 그 똑같은 옛날 카페에서 새로운 차원에 이르게 된다. 20세기 캠브리지 도덕 철학자인 버나드 윌리엄스 경은 〈마크로폴로스의 경우: 불멸의 지루함에 대한 단상〉이라는 에세이에서, 삶이 흥미롭기 위해서는 죽음이 꼭 필요하다고 주장한다. 윌리엄스가 판단 기준으로 삼고 있는 것은 체코 작가 카렐 차페크로봇이라는 단어를 처음 사용했다의 희곡 〈마크로폴로스 사건The Makropulous Affair〉인데, (그리고 체코 작곡가 레오시 야나첵이 그에 이어 오페라를 작곡했다) 그 내용을 보면 여주인공이 신비한 묘약 덕택에 놀랍도록 장수한다(342년 하고도 더 계속되고 있음). 그러나 희곡의 끝부분에 이르면 영원한 삶은 단지 끝없는 무관심만 낳을 뿐임을 깨닫고, 향후 수 세기를 더 살기 위한 계약을 갱신하지 않기로 결정한다. 윌리엄스는 "그녀의 끝이 없는 삶은 따분함, 무심함, 그리고 냉담한 지경에 이르렀다. 모든 것이 재미가 없다"라고 쓰고 있다.

어째서 그런 걸까? 일정 기간 동안(이 수치는 사람마다 다 달라 보임) 살아 본 사람이 그 기간을 넘겨 살면서 또 다른 새로운 경험을 갖는다는 건 가능해 보이지 않는다. 즉 볼 만큼 봤고 할 만큼 했다는 데 문제가 있다. 그 때문에 머리가 돌 정도로 지겨워지는 것이다.

윌리엄스는 좋은 삶이란 반복과 따분함이 불가피하게 자리 잡기 전에 끝나는 삶이라고 말한다. 물론 코미디언 에모 필립스처럼 끝없는 반복을 인정하는 것은, 처음에는 아니더라도 지나면서 차츰 좋아하게 되는 그런 것이라고 주장하는 사람들도 있다.

"내 친구가 필립 글래스의 레코드판을 하나 줬어. 나는 그 판을 5시간

동안 계속 듣고 난 뒤에야 비로소 그 판이 긁혔었다는 걸 알게 됐지."

19세기의 독일 철학자 프리드리히 니체는 영겁회귀永劫回歸라는 자신의 개념을 이용해 따분함의 문제를 새로운 단계로 올려놓았다. 프레디 N에 의할 것 같으면, 영원한 운명의 공허함을 나타내는 최고의 상징은 자꾸만, 끝없이, 자신을 반복하는 역사이다. 우디 앨런 같은 사람들에게 이러한 전망은 '아아!' 하며 영원한 탄식을 자아내게 할 만한 것으로 보인다. 앨런이 말하길, "(니체는) 우리가 살았던 삶을, 우리가 다시 정확히, 똑같은 방식으로, 계속해서 영원히 살 것이라고 말했지. 좋아, 그건 내가 다시 그 아이스 커페이드 쇼Ice Capades, 1940-1995년까지 유지됐던 미국의 이동 아이스쇼를 계속 지켜봐야만 한다는 거로군."

프레드주의자들은 다시 생각해 보라고 말한다. 영겁회귀에 기죽지 말고, 그 위로 올라서라! 니체적 초인超人, superman의 영웅적 자질은 그 공허함에도 불구하고 권력에의 불굴의 의지를 견지할 수 있는 데서 나타난다. 물론 슈퍼맨에게는 잘된 일이겠지! 그러나 당신이나 우리는 말할 것도 없고 장삼이사의 보통 사람들에게는 어떤가? 그 영겁회귀라는 게 우리에겐 오히려 성촉절聖燭節, Groundhog Day, 매년 2월 2일로 우리나라의 경칩 같은 날. 또 변함없이 반복되는 일이라는 뜻도 있다 같이, 그리고 많은 영화 관람객들의 등골을 오싹하게 만들었던 그 엄청난 대화 같이 들린다.

빌 머레이: 매일매일이 똑같고, 자네가 무엇을 하든 아무 상관이 없다면, 어떡할 텐가?

바 안에 있는 새 친구: 대략 지금 내 얘기구먼 뭘.

빌 머레이와 앤디 맥도웰이 주연한 로맨틱 코미디 영화 〈사랑의 블랙홀Groundhog Day〉에서

빌 머레이는 성촉절 하루가 무한히 반복되는 일을 겪는 기상 통보관으로 나온다.

　1998년의 일본 영화 〈사후死後, After Life〉는 영겁회귀라는 니체의 개념
에 새롭고도 놀라운 시사적 의미를 부여한다. 근래에 사망한 고객들이 칙
칙한 사무실 건물에서 어기적거리고 있고, 사회 복지사는 그들에게 앞으
로 사흘을 줄 테니 각자 자신에게 있어 가장 소중한 기억을 선택하라고
말한다. 일단 그 기억이 선택되고 나면 그것은 그들 신입 망자들이 영원
토록 갖게 될 유일한 경험이 될 것이다. 장래에 크나큰 영향을 미치게 될
결정에 관해 말하라!

　이러한 설정은 할리우드의 관객에게 '폭넓은 호소력'을 갖는 것처럼
보이지만, 히로카주 코레에다 일본의 영화 감독이자 시나리오 작가의 역량으로 인
해 영화는 삶의 의미에 관한 심오한—너무 순수한 의미를 두지는 말고—
탐구가 된다.

　내 전 생애에서 가장 상징적인 경험을 골라야만 할까? 아니면 가장 극
적인 것을? 아니면 가장 강렬한 경험? (다수의 연장자들은 자신의 가장 열
정적인 성적 경험을 선택하는 걸로 시작하지만, 다시 한 번 생각해 보고는 영
원한 오르가즘이란 뭔가가 결여되어 있다는 결정을 내리게 된다)

　자, 그 신입 망자들 중 한 어린 소녀가 디즈니랜드에서의 하루를 다시
체험하고 싶어 한다. 서른 명이나 되는 망자들이 이미 그해에 똑같은 선

택을 했다고 사회 복지사가 친절히 알려주자 소녀는 다시 생각에 잠긴다. 극심한 고통에 시달리는 한 중년 남자는 학창 시절 여름 방학이 시작되기 전날, 전차를 타며 느꼈던 산들바람을 선택한다. 한 노파는 오빠의 친구들 앞에서 빨간 드레스를 입고 춤췄던 기억을 선택한다. 그들의 마지막 선택이 지극히 평범해 보일지 모르지만, 그 결정에 앞서 그들이 했을 심사숙고는 누가 뭐래도 매우 감동적이다.

완전히 다른 그 무엇을 위한 시간

앙뉘처럼 지루할지는 모르지만, 우리의 경험이란 게 얼마나 반복적이건 간에 우리는 그 무수한 경험들에 대한 기대를 아직 홀홀 던져 버릴 준비가 되어 있지 않다. 모든 경험의 영원한 중지보다는 여전히 지루한 게 훨씬 나은 것 같다.

좀 더 경험하고자 하는 이 영원한 욕망에 대한 해결책은 비엔나 출신의 호주인 박식가 맨프레드 클라인스가 보여 준다. 그는 자신의 일생을 다양한 모습으로 채웠다. 신경생리학자로, 발명가로, 그리고 피아니스트로. 그러니 우리의 수명에 실제적으로 '시계적인 시간'을 추가하지 않으면서도 무한하게 삶을 확장시키는 전략을 맨프레드에게서 배우도록 하자.

맨프레드는 생의 마지막에 시간을 추가함으로써가 아니라, 우리가 보내는 매 초second의 시간 안에 더 많은 "순간들"을 갖도록 우리의 '시간 의식'에 속도를 냄으로써 삶을 확대하자고 제안한다. 컴퓨터는 어떤 "순간 속도" 즉 정보를 처리하는 속도가 있고, 그 순간 속도는 이론상 무한히 높아질 수 있으므로 우리도 역시 언젠가는 다음과 같이 사용될 수 있을 것이라고 말한다.

"나노테크놀로지 혹은 피코테크놀로지picotechnology, 나노테크놀로지의 신어를 사용해 시간 의식이 확대되고 속도가 빨라진다면 우리의 사고도 이전에 비해 만 배정도 더 빨라질 수 있다. 그러면 무슨 일이 생길까? 일 년은 만 년이 될 것이고, 계절은 2500년 동안 바뀌지 않을 것이다. 우리가 알고 있는 노화라는 것도 없어질 것이다."[34]

이러한 초고속 세상에서의 삶의 경험이란 어떤 것일까? 그건 단지 속독 코스를 거치는 것과 같을까? "난 《모비 딕》을 25분 만에 다 읽었어! 이 소설은 고래에 관한 얘기야"라고 말하는 것 같은?

"아니면, 독서의 즐거움도 단축되는 건가요, 박사님? 그리고 그건 정확히 뭘 말하는 건지요?"

"오, 대릴, 자네 부인이신가? 예, 프럼킨 부인, 질문 있으신가요?"

"속도가 붙은 시간 의식이 전희前戱에는 어떻게 작용하게 되는 건가요?"

"어, 그건 아마 부인과 대릴이 사적으로 논의하고 싶은 문제인 것 같은데요. 그동안 우리는 맨프레드의 꽉 짜인 인생으로 다시 돌아가 볼 생각입니다. 대체 그의 그림 어디에 의미라는 것을 맞춰 넣지?"

미국의 희곡작가 데이비드 아이브스의 10분짜리 희곡 〈시간은 흐른다

Time Flies〉에는 호레이스와 메이라는 두 하루살이가 나온다. 이들은 첫 눈에 열렬한 사랑에 빠진다. "난 바로 오늘 아침에 태어났어." "나도 그래." 이 둘은 첫 데이트에서 자연의 쇼를 감상하고는 그들의 수명이 단 하루뿐인 걸 알게 된다. 그들의 삶이 벌써 절반이나 지나가 버린 것이다! 잠깐의 혼란과 공포의 순간이 지난 뒤, 그들은 자신에게 주어진 상황에서 최대한으로 뭔가를 해보자고 결심하고 파리로 날아간다. 그곳에서 아주 멋진 시간, 말하자면 행복한 종말을 고할 것을 기대하면서.

자신들의 최후를 알고 있음에도 불구하고—아니면 아마도 그렇기 때문에—호레이스와 메이는 그들의 그 짧은 삶에서 의미를 찾아내기에 이른다. 그들의 스피디한 생활 방식에 힘입어 삶이 더 풍부해졌을까? 그들의 삶에, 만약 런던 그리고 파리를 동시에 쑤셔 넣을 수 있었다면 어땠을까? 런던, 파리, 그리고 리오는? 오케이, 라스베이거스도 쑤셔 넣자. 그게 우리의 마지막 선물이니. 물론 셀린 디온 쇼 티켓이 아직 매진되지 않았다는 가정 하에 말이다.

아니면, 깨어 있는 시간의 90%를 연꽃 자세로 앉아서 모든 생각으로부터 마음을 비우는 데 쓰고 있는 불교 승려를 생각해 보자. 단, 그 모든 생각 중에 우주와의 합일로 교감하는 것은 빼고. 이 양반에게는 그 모든 다양한 경험들이 없을 것이다. 그렇다고 그가 시시한 삶을 산다는 뜻인가?

맨프레드는 다름 아닌 바로 "살고 있는 시간"의 상대성에 대한 영원한 현상학적 질문을 제기하는 것이다. 한 사람(혹은 거북이의)이 사는 일 분은 또 다른 사람(혹은 거북이의)에게는 한 달일 수 있다. 그러니 누가 혹은 어느 쪽이 더 풍요한 삶을 사는 것인가?

몇몇 거북이들이 소풍을 갔다. 그들이 소풍 장소에 도착하기까지 열흘이 걸렸다. 그런데 막상 도착하고 보니 병따개를 잊고 온 걸 알게 됐다. 그래서 거북이들은 가장 어린 거북이에게 다시 돌아가서 그걸 가져오라고 했다. 그 어린 거북이는 "싫어! 내가 가자마자 샌드위치 다 먹을 거면서"라고 말했다. 그들이 그러지 않겠다고 약속하자 그 꼬마 거북이는 길을 떠났다.

열흘, 스무날, 서른 날이 지났다.

마침내 그들은 너무 배가 고파서 샌드위치를 먹기로 결정했다. 그들이 한 입 물자마자 그 꼬마 거북이가 바위 뒤에서 튀어나와 말했다. "그것 봐! 이럴 줄 알고 내가 지켜보고 있었지."

만약 스피디한 생활 방식이 너무 노동 집약적이라면, 죽지 않음으로써 불멸에 이르는 가장 도발적인—만약 전적으로 섹스와 무관하다면—생물학적 테크닉을 생각해 볼 수 있다. 바로 당신 자신을 복제하는 것. 기왕이면 아주 젊은 때의 당신을 말이다. 그리고 나이가 들어가면 다시 복제하고, 다시 하고, 또 다시 하고…… 영구히 계속 복제하는 것이다.

불멸의 인간을 창조해내는 모든 생명공학적인 계획 중에서 인간 복제야말로 가까운 시기에 이루어질 가능성이 높을 뿐만 아니라, 그 누구도 얘기하지 않지만(왜냐면 법을 위반하는 것이니까) 아마도 이미 아주 잘 실행됐는지도 모른다. 확실한 건 세포핵 이동이라고 불리는 테크닉으로 이미 복제양 돌리가 만들어졌다는 사실이다. (돌리가 "매일매일이 그저 우라질 예전과 똑같단 말야"라고 투덜댄다는 소문은 근거 없는 것이었다)

자, 그럼 어떻게 복제가 이루어지는지 보자. 세포질(핵과 세포막 사이에 있는 물질)이 기증자의 난세포에서 제거되면 복제될 유전 물질을 가진 다른 세포가 원래의 난세포로 섞여 들어간다. 원래와 똑같은 복제품이 들어 앉는 것이다.

인간 복제가 가능하다고 확신하는 한 가지 이유는 자연에서는 이미 이런 복제가 일어나고 있기 때문이다. 바로 일란성 쌍둥이 말이다. 일란성 쌍둥이는 하나의 수정란이 두 개의 세포 덩어리로 분리되어 똑같은 DNA를 가진 두 사람으로 되는 것이다. 물론 이란성 쌍둥이들(따로 수정된 두 개의 다른 난자이지만, 같은 자궁에서 동시에 열 달을 채우고 태어난다)과는 혼동하지 말기를.

데카르트, 자아로 향하는 오븐을 열어젖히다

인간 복제는 외계인과의 섹스라는 소재만큼이나 많은 악성 농담들을—주로 복제를 시골뜨기들의 재생산 관행에 비교하면서—양산해냈다. 그러나 이 중에서도 단연 위트가 출중한 것이 있다.

인간 복제는 우려스런 것들을 망라한 거의 모든 목록에 올라 있다. 과학에서부터 행동 통제, 유전 공학, 이식된 두뇌, 컴퓨터 시, 그리고 플라스틱 꽃들의 자연스런 성장 등에 이르기까지.

−의학연구가이자 작가인 고故 루이스 토마스

그런데 복제는 정말 원형과 완전히 똑같은 사본을 만들어낼까? 자연적 일란성 쌍둥이에게 물어 보자. 그녀는 자신과 정확히 같은 DNA를 가진 사람이라고 해서 자신과 같다고 생각하지 않는다. 왜냐면 자신은 사본과는 다른 경험을 가졌기 때문이다. 그녀는 자신의 인성 개발에 있어 사본과는 다른 영향을 받았다. 그녀는 다른 기억들, 다른 판단 기준을 가졌다. 그녀는 다른 관계들을 만들었고, 다른 의미를 알게 되었다. 발달 심리학에서는 이러한 점이 '본성 vs 양육'이라는 그 오래된 난제를 탐구하는 데 있어 훌륭한 실험적 모델로 여겨진다. (마치 쌍둥이를 둔 발달 심리학자 부부의 경우처럼−쌍둥이 중 하나는 존, 다른 하나는 컨트롤이라고 불리는)

자, 그런데 일란성 쌍둥이들이 얼마나 똑같은 걸로 나타났을까? 별로 그렇게 똑같지는 않다. 확실히, 중차대한 상황에서 외부인이 쌍둥이를 구분해낼 수 없을 정도로 그렇게 많이 똑같지는 않다는 것이다.

레기는 일란성 쌍둥이 자매 중 한 사람과 결혼했다. 그리고 채 일 년도 못 되어 이혼 법정에 섰다.

판사는 "자, 왜 이혼을 원하는지 진술하십시오"라고 말했고, 레기는 진술을 시작했다.

"가끔씩 처제가 우리 집을 다니러 오곤 했습니다. 그리고 처제와 제 아내가 아주 똑같이 생겼기 때문에 실수로 이따금씩 처제와 사랑을 나누었습니다."

판사는 "그래도 그 두 여성 사이에는 뭔가 분명히 다른 점이 있었을 겁니다"라고 말했다. 그러자 레기가 대답했다.

"예, 차이가 있습니다, 판사님. 바로 그래서 제가 이혼을 원하는 겁니다."

우리의 논지에 있어 더욱 중요한 것은 바로 일란성 쌍둥이들의 경험적 차이다.

보스턴의 어느 바에 나란히 앉아 있는 이 두 남자를 보자. 잠시 후, 한쪽이 다른 쪽을 보며 "댁 얘기를 듣다 보니, 확실히 아일랜드 출신이 맞는 것 같군요"라고 말한다. 상대는 자랑스럽게 "예, 그렇습니다!"라고 대답한다. 다른 한쪽도 "나도요! 그런데 아일랜드 어디에서 오셨을까?"라고 묻는다. 상대가 "더블린 출신이요, 암요"라고 말하자, "어랍쇼! 나도 거기 출신인데. 그럼 더블린 어디에서 살았죠?"라고 묻는다. 상대는 "아주 멋진 자그마한 곳이었는데, 시내 구 중심지의 맥클리어리가街에서 살았지요"라고 대답한다. 그러자 또 한쪽이 "실로 세상 참 좁군요. 나도 거기서 살았었는데! 그럼 학교는 어딜 다녔지요?"라고 묻는다. 상대가 "세인트 메리"라고 답하자 남자는 정말로 흥분하며, "나도 그런데. 그럼 몇 년도에 졸업했지요?"라고 묻는다. 상대는 "자, 보자. 아, 1964년도 졸업생입니다"라고 대답한다. 그러자 남자는 "신께서 우리를 내려다 보시며 미소를 지으시네! 오늘 우리가 바로 이 바에서 만나는 행운을 누린다는 것이 정말 믿겨지지가 않는군요. 내가, 바로 이 내 자신이 1964년에 세인트 메리를 졸업했다 이 말이요! 정말 꿈인지 생시인지"라며 탄성을 짓는다. 그쯤에, 한 사람이 바로 들어와 앉으며 맥주 한 잔을 주문한다. 바텐더는 머리를 저으며 그 손님에게 다가와 투덜댄다. "오늘 밤도 아주 장장 세월 되겠네요. 머피네 쌍둥이들이 또 왕창 취해 버렸으니."

"자, 만약 생물학적 불멸에 이르기 위해 자네 자신을 복제한다면, 똑같은 모습을 지닌 사본을 어떻게 만들어낼 텐가? 자네의 복제품이 '나'라고 하는데, 자네의 복제품인 '너'를 어떻게 만들 것인가 말이야.

복제 불멸주의자들은 쉽다고 말하지. 즉 자네의 신경계―기억, 감수성, 아메리칸 아이돌American Idol, 2002년부터 시작된 노래 자랑 대회로 관객들의 투표로 승자들을 뽑는 인기 있는 미국 TV 프로그램에 대한 투표 성향, 통째로 '당신' 패키지―의 내용 전체를 자네 복제품의 신경 장비, 말하자면 복제품의(그의) 하드 드라이브에 그저 다운로드만 하면 되는 거야. 이런 식으로 해서 그것은(그는) 자네 이름에 반응할 것이고, 자네가 좋아하는 농담에 웃고, 아메리칸 아이돌에 출연해 가성을 내는 말라깽이 아이에게 표를 던지고, 자네 부인 글래디스와 열정적으로 사랑을 나눌 걸세.

자네의 신경계를 자신의 신경계에 통째로 다운로드 받은 자네의 완벽한 복제가 이제 자네 옆에 서 있네. 개썰매 안에서 섹스를 한 소감이 어떠냐고 그에게 물어 보면, 그는 자네가 한 것과 똑같은 대답을 할 거야. 그의 오른쪽 귓불 바로 뒤의 그 특정한 부위를 간지럼 태워 보면, 자네가 간지럼을 탈 때 하던 것과 똑같이 킬킬거리지. 신을 믿느냐고 물어 보면, 이번에도 역시 자네와 똑같이 그 미적지근한 반응을 할 거야. 그에게 누구냐고 물어봐. 그러면 그는 '으음, 대릴 프럼킨인데, 대체 당신은 누구야?'라고 말할 테니.

대충 줄잡아 봐도, 자네의 복제품은 자네와 엄청 많은 공통점을 지니고 있지. 똑같은 반사 작용, 의견, 지식, 기억 등등. 그가 자네와 똑같은 정신적 소프트웨어를 갖고 있고, 똑같은 경험들을 기억했다는 것은 사실 과장이 아니야. 그러니 그 복제 대릴 프럼킨이 자네, 원래의 원본 대릴 프럼킨과 같은 게 아니라고 왜 계속 의구심을 갖는단 말인가?"

그건 우리가 우리의 '자아' — 우리의 '정신' 또는 우리의 '영혼'과는 다르다고 생각하는 하나의 현상 — 라고 부르는 그 무엇과 관계있다. 그 수많은 불멸의 형태 중에 우리가 어느 것을 갈구하든지 그것은 우리가 영원히 보존하고 싶은, 즉 우리가 늘 '자아'라고 부르는 이 독립체로 요약된다. 무엇보다도 우리가 영원히, 꼭 보존하고 싶은 것은 바로 그 '자아'이다. 그러면 '자아'라고 불리는 이것은 과연 무엇인가?

아주 오래 전 17세기에, 그 모든 것의 실체에 의문을 가하려고 했던 르네 데카르트근대 철학의 아버지로 불리는 프랑스의 철학자가 이 질문으로 향하는 오븐을 열었다. 《성찰록 Meditations on First Philosophy》에서 데카르트는 우리

몰래 우리의 생각 속에 가짜 '실체'를 휙 움직이게 하는 사악한 악마를 상상할 정도까지 나아갔다. 그 자신이 '의심하는 것을 의심할 수 없다'는 사실에 직면했을 때, 그는 의심의 실험을 정말 꽤나 잘하고 있었다. 그는 "나는 생각한다, 고로 존재한다"라는 유명한 말을 외쳤는데, 여기서 그가 의미하는 바는 "나는 의심한다, 그러므로 나는 나 자신의 현존을 의심할 수 없다(의심하는 자로서)"는 것이다.

휙 건너 뛰어, 19세기 후반과 20세기 초반의 독일 철학자 에드문트 후설 원래 오스트리아 출신으로 현상학의 창시자로 일컬어지는 철학자 에게로 가 보자. 후설은 데카르트가 여타의 경험들이 "나의 것"으로 경험되기 위해서는 하나의 "나 자신"이라는 경험이 필요하다는 통찰을 함으로써 인간 경험의 이해에 전혀 새로운 차원을 밝혀냈다고 생각했다. 그래서 에드는 이 자아의 경험을 검토함으로써 그것에 관해 어떤 것들을 더 발견해낼 수 있는지 알고자 했다.

그가 알고 있는 한 가지는, 우리는 이 자아를 하루 묵은 피자처럼 그저 거기에 앉아 있는 것으로써 경험하지는 않는다는 점이다. 우리는 우리의 경험들을 서로 연결하고 그것들에 일관성과 의미를 부여함으로써 자아를 경험한다. 우리의 자아는 우리의 경험들에 구조를 부여하는 '통찰점'이다. 예를 들면 우리는 시간을 '살아 있는 현재'로 경험한다. 하나의 경험으로써의 시간이란 개별적 순간들로 이루어지는 그저 직선이 아니며 또한 궤도를 달리는 현시점도 아니다. 우리의 현재는 우리의 과거 기억들과 미래의 기대들이 항상 밀접하게 맺어져 만들어진다. 우리는 지속되는 시간을 통해 우리의 자아를 경험하는 것이다.

이봐요, 후설, 복제품에게 나의 현상학적 자아를 다운로드해 줄 수 있겠소?

오늘날 가장 뜨겁게 떠오르는 물리학 프로젝트인 순간 이동은 공간을 전혀 통하지 않고 A지점에서 B지점으로 물체나 소립자들을 순간적으로 재배치시키는 게 가능하다는 것을 보여 준다. (아직까지 '정확한' 순간 이동은 원자와 광양자에서만 이루어지고 있다) 정확한 순간 이동은 일종의 '잘라 내고 붙여 넣기' 작업 같아 보인다. 즉 이쪽에서 광양자를 잘라 내서 그것을 어딘가 다른 곳에 붙여 넣는 것이다.

"뭐라고, 대릴? 컴퓨터에서 자네가 잘라낸 텍스트는 자네가 '붙여 넣기'를 클릭했을 때 나타나는 것과 똑같은 텍스트, 똑같은 물리적 기호가 아니라고 말하는 건가? 그들은 그저 같아 보이는 것일 뿐이라고?

그래, 자네 말에 일리가 있을지도 모르지. 그러나 이걸 생각해 보게. 자네 컴퓨터 화면 위의 텍스트들은 그 어떤 것도 궁극적으로 실재하지 않는다는 걸. 그 둘은 모두 자네의 컴퓨터 회로에서 0과 1(켜거나 *끄거나*)을 전환한 것이지. 종점에 있는 0들과 1들이 종점 가까이에 있는 0들과 1들과 같지 않다는 건 무슨 뜻일까? 0들과 1들은 공간 속에서 전혀 존재하지 않는다는 거야!!! 만약 자네가 0 하나 혹은 1 하나를 봤다면, 자네는 모두 다 본 거야. 흥, 거 꽤 괜찮지 않나? 어쨌든 자네는 '비정밀' 순간 이동에 목표를 맞췄네.

비정밀 순간 이동은 한 대상의 암호화 된 정보를 받아 한 지점에서 다른 지점으로 획 옮기는 것이네. 그러고 나서 순간 이동된 정보를 청사진으로 사용하면서 그 대상은 완벽하게 재구성되지. 이것은 자네가 은연중에 말했던 '잘라 내고 붙여 넣기'와 거의 다름없는 거야. 비정밀 순간 이동은 '얽힘 현상'으로 불리는 소립자의 속성에 달려 있는 것 같아. 이 현상은 서로 멀리 떨어져 있는 미립자들이, 하나가 다른 것에 영향을 주는 특성으로 인해 가끔 자연스럽게 중첩되어 얽히는 것을 말하지. 어느 물리학자가 말했듯이 '한 소립자를 간질이면, 다른 소립자가 웃는다.' 유용하게도 아인슈타인은 이러한 속성을 '좀 멀리에서의 으스스한 작동'이라고 묘사했지. 알 박사님, 주의 줘서 고마워요.

말할 필요도 없이 물리학계에서는 인간의 순간 이동에 대해 이미 왈가왈부 많은 말들이 오가고 있는데, 그중에서도 비정밀 순간 이동에 대해 가장 유망하게 말하고 있지. 다른 말로 하자면, '좀 멀리에서의 복제'라고나 할까?

아, 내가 원래의 대상―말하자면 자네, 뉴저지 베이욘의 대릴 프럼킨―은 그 과정에서 사라진다고 얘기했던가? 걱정 말게. 순간 이동된 자네, 즉 화성의 구세프 크레이터 러시아의 천문학자 Matvei Gusev의 이름을 딴, 화성에 있는 분화구의 대릴 프럼킨이 아주 잘하고 있네, 고마워."

자, 그러니 다시 후설의 주장으로 돌아가 보자. 그와 여타의 현상학자들은 자신의 환경을 영화처럼(또는, 요즘으로는 컴퓨터 스크린) 그렇게 단지 마음에 등록하는 것으로 경험하지는 않는다. 현상학자들은 거기에는 중요한 단계가 빠져 있다고 말한다. 자신의 모든 경험들에 있어 필요 불가결한 요소는, 현상학자들이 "현상학적 자아"(혹은 우리 대부분이 말하듯 '나')라고 부르는 것에 나의 경험들이 '속하는 것'으로 경험한다는 것이다. '나'는 '나'의 여타의 모든 경험의 중심점인 이 '나'의 경험을 계속 갖는데, 이 나야말로 바로 나의 모든 지각, 사유, 의미, 그리고 의도가 교차하는 지점이다.

우리가 보기에 후설과 그의 계승자들은 우리 모두가 바라는 것, 즉 무덤 너머로 살아남는 것이 무엇인가를 밝혀냈다. 그것은 바로 우리의 자아인 것이다! '자아' 의식의 지속성이 보존되지 않는 그 어떤 불멸도 결코 우리가 갈망하는 불멸은 아니다.

흥미롭게도 후설은 기원전 6세기에 고타마, 즉 부처가 싹 틔운 생각을 상기하고 있다. 고타마는 우리가 "5가지 집착덩어리"를 집어 선택함으로써 자아의 경험을 구성한다고 가르쳤다. 이 덩어리들, 혹은 스칸다스 skandhas는 우리의 신체 형태에 대한 우리의 감각, 우리의 감정, 우리의 사고, 우리의 습관, 그리고 우리의 인식이다. 이것들로 우리는 자아를 엮어내고, 그 자아로 나머지, 즉 세상과 소통한다. 그가 둘 다를 미망이라고 생각했다는 점은 조금도 놀랄만한 일이 아니다.

오케이, 다시 복제 대릴 프럼킨에게로 가 보자. 이 대릴은 "현상학적 자아"를 가지고 있나? 그는/그것은 의식의 지속성을 가지고 있나? 만약 중심이 되어 구성하는 통찰력 없이, 우리의 경험들 속으로 그저 우리가 사라져 버린다면, 집에 있는 건 누구인가? 살아남은 것은 누구란 말인가?

우리의 인격을 복제품에다 다운로드하면 불멸의 경험에서 우리가 필요로 하게 될 '자아 인식'을 보존할 수 있는가? (그리고 만약 우리가 불멸이라는 경험을 할 수 없다면, 왜 이 모든 골머리를 앓아야 한단 말인가?)

"그러나 대릴, 아마 자네의 현상학적 자아도 그저 다운로드할 수 있을 거야. 그러면 이 자아는 자네일까? 그것이 자네였다고 자네는 생각하는가? 더 중요한 것은 자네의 복제품이, 자신이 대릴이었다고 생각할까? 그리고 만약 그렇다면, 그는 대체 자네를 누구라고 생각할까?

우리는, 우리를 다운로드한 후 우리의 복제품들에게, 자네 복제품에게 그 답을 들어 자네에게 전하라고 해뒀네. 그러나 역시 마찬가지로, 우리라고 하는 몇 개의 복제품들을 자네는 믿을 수 있나?"

나, 나 자신, 그리고 아이팟

그 궁극적 종점에 신경을 다운로딩하는 전략을 택하는 것이 바로 사이버 불멸이다. 이 전략을 지지하는 자들은 인간의 육체가 떨어지는 피아노에 깔려 버리는 경우는 말할 것도 없고, 항상 마모되기 쉬운 엉성한 것들로 만들어졌다는 점을 지적하고 나선다. 왜 우리의 '자아'를 통째로 컴퓨터 칩에 집어넣어 거기서 영원한 삶을 지속하고 또 새로운(사이버) 경험들에 참여할 수 있게 하지 않는가? 이러한 접근으로 '판박이'라는 표현에 새로운 의미가 생겨났다. 즉 생물학적으로 대를 이어가며 닮는 것을 넘어, 컴퓨터 칩에 들어가 세대를 거치지 않으면서도 영원히 산다는 의미로, 이 두 경우 모두 영어에서는 칩chip이라는 단어가 사용된다.

온전히 '정신'으로서 산다는 것이 철학을 하는 사람들에게 친숙하게 와 닿는다면, 이는 아마도 18세기의 걸출한 영국 경험론자 조지 버클리 주교 때문이다. 그는 컴퓨터 칩이 출현하기도 전이었던 시대에 살면서 위와 유사한 생각을 상정했는데, 즉 그 유명한 "존재한다는 것은 인지된다는 것이다 Esse est percipi"라는 말을 했다. 버클리 주교가 의미하는 바는, 세상에는 실체적인 '것'은 아무것도 없고 오직 우리의 인지, 즉 우리가 '것들'이라고 부르는 것만이 존재한다는 뜻이다. 이는 얼핏 유아론唯我論적 세상 같아 보이는데, 왜냐면 우리가 절대적으로 확신할 수 있는 것은 모두 우리의 마음 안에 있는 것이기 때문이다.

그러나 이런 관점은 만약 우리의 지각 입력이 '대상들'에서 오는 게 아니라면 대체 어디서 오는가라는 당연한 의문을 제기한다. 그리고 이 성직자는 멋지게 답했다.

"신께서는 저 드높은 곳에서 항상 감각상의 데이터를 보내 주신다. 마치 우주의 스팸 메일 같다고나 할까."

여기서 '신'이라는 단어를 '우리의 칩chip 두뇌가 내내 새롭고 생생한

데이터를 받아 처리하도록 프로그램을 만드는 소프트웨어 엔지니어'라는 문구로 바꿔 보라. 그러면 버클리의 주장이 살아난다.

사이버 불멸주의자 마이클 트레더Center for Responsible Nanotechnology를 중심으로 나노테크놀로지에 대한 올바른 이해를 알리는 강연, 글 등을 통해 활동하고 있다 는 "우리 두뇌의 디지털 복사본을 만들고, 모든 정보를 로봇에 다운로드 시키는 것. 재앙적인 그 무언가가 우리의 로봇 몸통을 파괴해 버릴 수도 있다는 희박한 가능성에 대한 보험으로써, 이 방법은 우리 인격의 백업 복사본을 보존할 수 있다는 장점을 갖고 있다. 이는 정말 효과적으로 우리를 불멸에 이르게 해 주는데, 왜냐면 우리 자신의 복사본들을 태양계, 은하계 또는 궁극적으로 그 너머에까지 곳곳에 저장할 수 있기 때문이다"[35]라고 시사한다.

흥을 깨려는 게 아니고, 다만 철학적인 질문이 하나 있는데, 다운로딩하기 전에 그 답을 들어야 할 것 같다. 20세기 영국의 철학자 C. D. 브로드는 한 사물에 대한 우리의 의식은 그 사물의 물리적 속성에 대해 우리가 갖고 있는 정보의 총합과는 다른 것이라고 지적한다. 추가 요소는 '~과 같은'이라는 경험의 국면이다. 우리는 맥주의 물리적 속성들과 그 외 여타의 모든 것들과의 상호작용, 우리 혀의 맛봉오리까지 포함해서 알아야 할 것은 모두 아는데, 그렇다고 그걸로 맥주의 맛이 어떤지 알게 되는 것은 아니다. 즉 여전히 우리는 맥주를 맛보는 경험이 어떤 것인지 모른다. 당신이 사는 지역의 바텐더도 아마 당신에게 같은 말을 했을지 모른다. 그래서 C. D.는 자신의 고찰에 약간 겉치레를 하기 위해 '~과 같은'

경험들을 위한 대용으로 라틴어 명칭이 필요했다. 그래서 나온 게 "특질 qualia"이다.

　자, 우리가 더스티와 릴리라는 두 로봇에게 사랑을 나누도록 프로그램을 설정했다고 치자. 그리고 그들이 서로 무슨 얘기를 하는지 살짝 엿들어 보자.

더스티: 자기도 좋았어, 릴리?

릴리: 오, 맙소사! 그럼 더스티, 정말 멋졌어. 항상 그래, 더스티.

더스티: 어…… 자기가 다른 사람들하고도 사랑을 나눴을 거라는 걸 알고 있어, 나의 달콤한 입술. 그리고 좀 바보 같은 얘기가 될지 모르겠지만, 그래도 우리 사랑이 그들과의 사랑에 못지않길 바라는데, 무슨 말인지 알지, 자기?

릴리: 물론이야, 달링. 일찍이 이런 사랑은 없었어.

더스티: 그래, 날 위해 연산되는 것도 바로 그런 식이야! 나의 천사, 그런데 느낌이 어때?

릴리: 우리가 함께 할 때면, 내 수치가 하늘로 막 치솟아.

더스티: 그래, 그래, 알지, 나도 그래. 그런데 자기에겐 그 느낌이 어떠냐니까?

릴리: 더스티, 난 이상하게 행동하고 다른 소프트웨어들을 다 차단해 버려.

더스티: 그래, 그렇고말고, 무슨 얘긴지 알아, 내 사랑. 그렇지만, 사랑이라는 이 미친 것이 대체 무엇이냐고? 그걸 정확히 말할 수 있어? 바로 지금 자기가 어떻게 느끼고 있는지 말 좀 해 줄 수 있겠어?

릴리: 그 질문 좀 더 정확히 말해 줄래? 난 지금 연산 안 하고 있거든.

더스티: 제발, 릴리! 날 정말로 사랑하는 게 아닌 것 같아.

릴리: 더스티, 물론 자기 사랑해. 자기가 뒤뚱거리며 나타나는 게 보이기 시작하면, 내 모든 전구들에 팍팍 불이 켜진단 말이야.

더스티: 릴리, 그건 그냥 기계적인 거란 말이야! 난 핀볼 기계로도 기계적인 반응을 일으킬 수 있단 말이야! 무슨 말인지 알아? 내가 원하는 것은 자기의 사랑이란 말이야! 오, 맙소사, 나중에 얘기하지. 사내 녀석들과 맥주 마시기 소프트웨어를 작동하기 위해 나가야 돼.

릴리: (한숨을 내쉬며) 더스티, 여기서 기다리고 있을게…… 난 그저, 그렇게 프로그램 됐을 뿐인데.

"자네들, 대체 무얼 얘기하려는 속셈이지?"

"자, 대릴, 자네는 더스티와 릴리가 묻고 대답하도록 확실히 프로그램할 수 있어. 릴리가 자기 자신의 데이터를 읽고, 어떤 기준에 비춰 점수를 계산할 수도 있으며 또 다른 로봇들과의 사랑과 비교해 보고 그에 따라 대답할 수 있을 정도로까지 프로그램을 짤 수가 있단 말이지. 그러나 만약 더스티가 그녀의 특질에 대해 묻는다면, 릴리의 대답은 순전히 기계적인 게 되지 않을까? 대릴, 그건 바로 자네가 글래디스로부터 종종 들어온 것과 같은 그런 대답이 아닐까?

자, 만약 '우리의 인격을 다운로딩'해서 '우리의 삶을 확장'하려고 할 경우, 과연 우리의 특질까지 다운로딩 할 수 있게 될까? 그리고 그건 정확히 어떻게 작동될까? 우리는 자네에 대해 모르지만, 우리의 특질 없이는 우리는 아무 데도 가지 않을 걸세. 그건 같은 게 아니야. 다른 사람들은 어떤 길을 택할는지 모르겠지만 우리로서는 우리의 특질이 아니면 죽음을 달라는 입장이지."

"특질, 속성! 내가 예비 부품으로 만들어지든 냉동되든 혹은 컴퓨터 칩만하게 되든, 난 영원히 베이욘에서 사는 걸 택하겠네. 뭐가 됐든 간에 그게 다른 것보다는 훨씬 나아! 자네들의 조언 고맙네! 안녕히들!"

"대릴, 잠깐만, 거기 멈추게나! 자네 주의 깊게 듣질 않았군. 이 생명공학적 계획들이 유망하긴 하네만 아직은 아니야! 그것들은 아직 고려 중이야. 한편—친구, 이 말을 듣기 전에 단단히 마음먹게나—최선의 가능성은, 바로 자네가 '죽는' 마지막 세대에 속한다는 거야!"

"맙소사! 심장마비가 온 것 같네!"

Death· Big D!!!

; Heidegger and a Hippo Walk Through those Pearly Gates

제 死 부

끝

뚱뚱한 부인이 노래할 때까지는 아직 끝난 게 아니야.
저런, 그녀가 노래를 시작했군.

Heidegger
and a Hippo
Walk
Through
those Pearly Gates

······ 정말 끝이라고?

Heidegger and a Hippo
Walk Through those Pearly Gates

"대릴, 참 오랜만이네! 자네 여기서 뭘 하고 있는 건가?"

"내가 여기서 뭐하고 있냐고? 나, 여기서 일해. 여기가 내 사업장인 장의사葬儀社라네."

"우린 자네가 이 업종에 종사하고 있는지 몰랐었네."

"물어 본 적이 없잖나. 그건 그렇고 자네들은 여기에 웬일인가?"

"우리 오랜 친구 프레디 모리아티 때문이지."

"아, 그래, 그 프레디. 그의 장례식에 쓸 특별한 농담들을 지금 막 챙기고 있었네."

"특별한 농담들이라니?'

"그래, 아주 새로운 것들이라네. 자네들과 어울리다 보니 생각을 좀 하게 됐지. 평생 여기서 죽은 사람들을 대해 오면서도, 나는 한 번도 진정으로 그 죽음이라는 것에 대해 생각해 보지 않았다네."

"그런데 그 특별한 농담들이라는 건 뭐야?"

"자리를 잡게나. 내가 무대에 오를 테니, 잘 지켜보게."

신사 숙녀 여러분, 안녕하십니까. 여러분께선 아마도 다른 장례 행렬이 지나가는 걸 보셨을 겁니다. 〈호키 포키Hockey-Pockey, 1950년대 미국에서 큰 인기를 얻었던 노래〉를 만든 바로 그 사람의 장례식이지요. 사실, 그는 좀 힘들었습니다. 그를 관 속에 넣을 때, 우리는 먼저 그의 왼쪽 다리를 밀어 넣었습니다. 자, 이때부터 모든 문제들이 시작되는 겁니다.

많은 분들이 이 방 안에 있는 가구에 대해 물어보셨습니다. 그것은 루이 14세Louis the 14th로 거슬러 올라갑니다. 만약 루이에게 13일the 13th까지 가구 값을 지불하지 않으면 그렇게 된다는 겁니다.

보트 사고로 익사한 남자 한 분을 지난주에 매장했습니다. 그는 보트를 한 대 빌렸는데, 부두에 있는 사람들이 그에게 "보트 번호 99, 시간 다 됐어요. 보트 번호 99, 시간 다 됐어요. 부두로 돌아오세요"라고 계속 고함을 질러 댔습니다. 대여섯 번 소리를 질러도 아무런 반응이 없었습니다. 그제야 그들은 자기네가 갖고 있는 보트가 모두 75대 뿐이라는 걸 떠올렸습니다. 애초에 99번 보트는 없었던 겁니다. 보트 번호 66번에 문제가 생겼다는 것을 알아챈 게 바로 그때였습니다.

우리 직원들은 십자말풀이 달인의 시신을 거두기 위해 지금 외출 중입니다. 유족들은 그를 세로 6, 가로 3으로 매장하길 원합니다.

자, 이런 농담들이 마음에 드십니까? 그러나 여러분, 잠깐만 좀 심각해 지자면, 저는 최근 들어서 삶, 죽음, 그리고 사후 세계의 의미에 관해 철학자들이 쓴 서적들을 많이 읽었습니다. 그들은 이러한 것들에 대해 모두 다른 이론들을 전개하는데, 사실대로 말하자면 여러분과 저 그리고 여기 누워 있는 프레디 같은 보통 사람들이 그런 것들에 관해 생각하는 방식을 그들은 잘 알아차리지 못하고 있습니다.

그러나 그 무리들 중에 눈에 띄는 사람이 하나 있는데, 100년 전의 미국 철학자 윌리엄 제임스가 바로 그 사람입니다. 그는 정곡을 찌르는 몇 가지를 얘기했습니다. 예를 들면 그는 그 모든 것의 의미에 관한 자신들의 믿음에 어떻게 다다르게 되는가의 문제에 있어서 철학자들이라고 해서 우리와 크게 다를 바가 없다는 말을 했습니다. 그는 우리 모두가 그 거대 담론들에 대한 답을 얻게 되는 것은 일종의 영감에 의한 것이라고 말했습니다. 그는 그것을 "삶이 진정으로 그리고 심오하게 의미하는 바가 무엇인지에 대한 바보 같은 지각"이라고 했는데, 여기서 "바보 같은"은 그저 사람을 깔보는 뜻으로 사용된 게 아닙니다. 우리가 전문적 철학자이든 아니면 프레디나 나 같은 별 볼일 없는 사람이든 간에, 우리는 주로 우리의 직감에 의지해서 무언가를 지각하게 된다는 것입니다. 제임스는 우리 모두 "우주의 절대적 압박을 그저 지각하고 느끼는" 우리 자신만의 방식을 갖고 있다고 말했습니다.

어떤 철학자들은, 그 어떤 이름도 대지는 않겠는데─왜냐면 대체로 그 이름들을 제대로 발음할 수가 없기 때문에—그 거대 담론에 대한 답에 이르는 그들의 방식이 우리들과 같다는 그 사실을 숨기려고 합니다. 그들은 자신들이 결론에 이르게 된 것과 관련해 온갖 화려하고 비개인적인 이유들을 빙빙 돌려 늘어놓고 있습니다. 그러나 그들이 진짜로 거기에 다다르게 된 방식은 우리들과 마찬가지로, 우선 자신들의 직감을 믿는다는 것입니다. 그러나 그들은 자신들의 직감에 어울리는 인상 깊은 철학을 원했기 때문에 자기 재량대로 그것을 지어냈습니다. 그리고 돈 때문에, 그들은 약간 엉큼하게 굴었습니다. 그들은 우선 자신의 직감이 말하는 것을 뒷받침하는 증거를 찾기 위해 우주를 어느 정도 선별했습니다. 그리고 거기에 맞지 않는 것은 무엇이 됐든 간에 다 무시해 버렸습니다. 말하건대, 치사한 행위입니다.

내가 공감하게 된 제임스의 말이 또 하나 있습니다. 그는 세상의 사실들이 정말로 분명하지 않을 때는—거 있잖습니까, 번쩍거리는 네온에서 가장 중요한 위치라는 거—우리에게 최선으로 보이는 철학을 택하면 된다고 말했습니다. 그는 지상 모든 것들의 의미, 삶, 죽음, 그 모든 것에 대해 말하고 있는 겁니다. 따라서 우주가 당신을 구름 속의 천국 쪽으로 미는 것 같아 보인다면, 자, 그렇다면 뭐가 문제입니까? 누가 그르다고, 내가 말해야만 하는 겁니까? 진심으로 여러분이 그곳에 가길 바랍니다. 그리고 사실, 나도 언젠가는 거기에 들러 여러분을 볼 수 있기 바랍니다. 아마 우리는 같이 긴장을 풀고, 맥주를 마시며 담소를 나눌 수도 있을 겁니다. 말하자면 저기 뒤쪽 마지막 줄에 앉아 있는 새 친구들과 제가 가끔 하듯이 말입니다. 그래요, 저 두 나이든 친구들.

아, 마지막으로, 오래전에 살았던 손튼 와일더 미국의 희곡 작가이자 소설가라는 사람이 있었습니다. 〈우리 동네Our Town〉라는 그의 희곡 3막에서 젊은 여주인공 에밀리는 분만 중에 사망하는데, 그녀에게 인생 중의 딱 하루를 다시 살아 볼 수 있는 기회가 주어집니다. 그녀는 그 하루로 자신의 12번째 생일날을 선택합니다. 처음에는 다시 그 날을 체험한다는 기쁨에 겨웠지만, 곧바로 삶이 얼마나 빠르게 지나는지 그리고 삶의 많은 부분을 자신이 얼마나 당연히 여겼는지 실감하게 됩니다. 그녀는 "우리는 서로를 쳐다볼 시간조차 없어!"라고 외칩니다. 하루의 방문을 마치고 다시 무대 감독에게 돌아온 그녀는 "매분마다 삶이란 것을 실감하며 사는 사람들도 분명 있겠지요?"라고 묻는다. 그리고 그 무대 감독은 대답한다. "그렇지요. 아마도 성인들, 그리고 시인들. 그들은 좀 실감하지요."

여러분, 이렇게 와 주셔서 다시 한 번 감사합니다. 제가 아니라 프레디를 보러 오셨다는 걸 압니다만, 프레디는 보시다시피 저렇게 잠들어 있으니. 경청해 주셔서 정말로 감사합니다. 아, 얘기 하나만 더. 약속드립니다, 정말로 마지막이라는 걸.

그래서 하이데거와 하마는 진주 문 앞까지 한가롭게 걸어간다. 그리고 성 베드로가 말한다. "잘 듣게나. 오늘은 딱 하나 밖에 더 받을 여유가 없네. '삶의 의미란 무엇인가?'라는 질문에 최고의 답을 준다면 자네들 둘 중에 누구라도 들어올 수가 있네."

그러자 하이데거는 이렇게 대답한다. "존재 그 자체를 명확히 사유하기 위해서는 모든 형이상학에서와 마찬가지로 존재들의 견지에서만 그리고 존재들의 근거로서의 존재들을 위해서만 입각되고 해석될 정도로까지 존재를 무시해 버려야만 한다."

그러자 하마가 채 한마디를 불퉁거리기도 전에 성 베드로가 말한다.

"하마군, 오늘은 자네 행운의 날일세!"

여러분, 모두 안녕히! 무사히 귀가하시길! 프레디, 자네도.

| 감사의 말 |

이쪽 세상에는 우리에게 많은 도움과 지원을 베풀어 준, 감사를 표해야 할 많은 사람들이 있다. 우리의 친애하는 에이전트 줄리아 로드, 고도로 지적인 편집자 스티븐 모리슨, 항상 주의를 게을리 하지 않는 그의 오른 팔 같은 조수 베카 헌트, 그리고 펭귄사(社)의 홍보 담당자 옌 쳉. 저쪽 세상에 있는 사람들, 우리도 곧 당신들 곁으로 갈 거야.

옛날 학생 시절에, 분석적인 동료들의 경멸에 도전하고, 우리가 정말로 듣고 싶어 했던 그 크고도 아주 음울한 질문들로 우리를 안내해 주셨던 두 스승님이 계셨다. 이분들은 바로 고인이 되신 존 와일드와 폴 틸리히 이다. 그분들과 함께 공부할 수 있었던 것은 정말 크나큰 영광이었다.

단연코 최고 우스개의 원천은 길 아이스너로, 그는 정말 고전적 개그의 인간 저장고이다. 길, 고마워요. 또 몇몇 좋은 우스개를 알려준 조안 그리스월드와 패디 스펜스에게도 감사한다.

또한 우리가 읽었던 가장 창의성이 풍부한 희극 작가들 중의 몇 명에게 경의를 표하고자 한다. 그라우초 막스, 우디 앨런, 에모 필립스, 스티븐 라이트, 멀 해거드, 그리고 마틴 하이데거. 우리가 들어본 적 없는 천국에 대한 영화를 소개해 준 잭 네슬에게도 감사를.

우리의 아내들, 엘로이즈와 프레케 그리고 우리의 딸들, 에스더와 사마라. 이들에게 우리가 어떤 말을 할 수가 있겠나? 모두들 좋아, 정말 아주 좋아.

오래전 프레케의 아버님 고故 얀 부이스트 목사는 임종에 나(대니)와 잠깐 사적인 순간을 가졌다. 그의 마지막 말 중에 내가 결코 잊지 못할 말이 있다.

"삶을 누렸던 것은 특전이었네."

| 주 |

1. Arthur Schopenhauer, "On Death and Its Relationship to the Insdestructibility of Our Inner Nature," in Wolfgang Schirmacher, ed., *Philosophical Writings* (London: Continuum, 1994), p. 287.

2. Jill Bolte Taylor, *My Stroke of Insight* (New York: Viking, 2008)

3. Gestalt psychology(게슈탈트 심리학, 형태 심리학)은 인간 의식에 대한 심신 총체적 접근으로, 우리의 정신은 참고 자료에서 중요한 데이터를 분간해냄으로써 감각 정보를 이해하게 된다는 시각을 견지한다. 예를 들자면 "이봐, 그건 스파게티 대접 속의 가발이야! 구불구불한 선들이 마구잡이로 뭉쳐 있는 게 아니라고!"

4. Martin Heidegger, On Time and Being (Chicago: University of Chicago Press, 2002), p. 6.

5. 같은 책.

6. Frank Kermode, *An Appetite for Poetry: Essays in Literary Interpretation* (Cambridge, MA: Harvard University Press, 1989), prologue

에서 인용.

7. Martin Heidegger, *Contributions to Philosophy* (From Enowning) (Bloomington: Indiana University Press, 1999).

8. T. Z. Lavine, *From Socrates to Sartre: The Philosophic Quest.* New York: Bantam, 1985, p. 332.

9. Jean-Paul Sartre, *Being and Nothingness,* in Stephen Priest, ed., *Basic Writings* (London: Routledge, 2002), p.167.

10. Ludwig Wittgenstein, Tractatus Logico-Philosophicus (London: Routledge, 2001), §6.4311.

11. 기원전 5세기 그리스의 철학자 제논에 의하면, 경주에서 만약 아킬레스가 거북이에게 스타트를 유리하게 해 주면 그는 절대로 거북이를 따라 잡을 수 없다. 그 이유는 아킬레스는 거북이가 출발했던 지점에 도달해야만 하는데 그 때쯤이면 거북이는 이미 조금 이동해 있을 것이며, 따라서 거북이가 마지막으로 있던 지점에 아킬레스가 아무리 여러 번 도달했다 하더라도—설사 무한 반복한다 해도—그는 절대 거북이를 따라 잡을 수 없다.

12. Jerome H. Neyrey, "Soul," in *Harper's Bible Dictionary* (San Francisco: Harper & Row, 1985), pp. 982-3.

13. 마태복음 16:26; 마가복음 8:36.

14. Ludwig Wittgenstein, *Philosophical Investigations*, 3rd ed. (Saddle River, NJ: Prentice Hall, 1973), §622.

15. Plato, "Meno," *The Dialogues of Plato*, vol. I, Benjamin Jowett, trans., (New York: Random House, 1937), pp. 349ff.

16. 서유럽에서 실시된 유사한 조사에서는 응답자의 49.4%가 사후 세계를 믿는다고 답한 반면 19.2%는 환생을 믿는다고 했다. 조사 결과는 아이슬란드대학교의 Erlendur Haraldsson가 *Network*, no. 87, Spring 2005를 통해 발표했다.

17. Adela Y. Collins, "Heaven," in *Harper's Bible Dictionary*, p. 377.

18. 안식의 땅(Beulah Land)은 1876년 Edgar Page Stites가 쓴 복음 찬미가로 널리 불려진다. 그는 후에, "꼼짝 못하고 엎어졌을 때, 난 겨우 2절과 합창 부분만 쓸 수 있었다"라고 술회했다. Tori Amos는 그녀의 1998년 앨범 *From the Choirgirl Hotel*에 수록하기 위해 "안식의 땅"이라는 노래를 썼다.

19. Richard H. Hiers, "Kingdom of God," in *Harper's Bible Dictionary*, p. 528.

20. Adela Y. Collins, "Heaven," in *Harper's Bible Dictionary*, p. 365.

21. 데살로니카 전서 4:16-17.

22. 미카서 6:8.

23. 누가 복음 10:25.

24. 코란, 56:15ff.

25. Sunan al-Tirmidhi Hadith 2562.

26. William James, *The Varieties of Religious Experience* (New York: Modern Library, 1902), p.378.

27. 제임스, 시지윅, 그리고 뮌스터버그의 강신술 회합 조사에 관한 이야기들은 Deborah Blum, *Ghost Hunters: William James and the Search for Scientific Proof of Life After Death* (New York; Penguin, 2006)를 참조.

28. Albert Camus, *The Myth of Sisyphus* (London: Vintage, 1991), p.3.

29. Cicero, *De finibus bonorum et malorum*, H. Rackham, trans. (New York: Macmillan, 1924).

30. Seneca, "Epistulae morales," 70th epistle, in *Letters from a Stoic*, Robin Campell, trans. (New York: Penguin Classics, 1969)

31. SciForums.com

32. David Hume, "On Suicide," in *Essays on Suicide and the Immortality of the Soul* (Whitefish, MT: Kessinger, 2004), p.8.

33. Michael Kinsley, "Mine Is Longer than Yours," New Yorker, April 7, 2008.

34. Manfred Clynes, "Time Consciousness in a Very Long Life," in *The Scientific Conquest of Death* (Buenos Aires: Libros en Red, 2004).

35. Michael Treder, "Upsetting the Natural Order," 같은 책.

Aristotle. *De Anima*. London: Penguin, 1987.

Ballou, Robert, ed. *The Portable World Bible* (excerpts from scriptures of the world's religion). London: Penguin, 1977.

Blum, Deborah. *Ghost Hunters: William James and the Search for Scientific Proof of Life After Death*. New York: Penguin, 2006.

Becker, Ernest. *The Denial of Death*. New York: Free Press, 1973.

Camus, Albert. *The Myth of Sisyphus*. London; Penguin, 2000.

_____. *The Stranger*. New York: Vintage, 1989.

Cicero. *De finibus bonorum et malorum*. New York: Macmillan, 1924.

Conrad, Mark, and Aeon Skoble, eds. *Woody Allen and Philosophy: You Mean My Whole Fallacy Is Wrong?* Chicago: Open Court, 2004.

Descartes, Rene. *Discourseon Method*. London: Penguin, 2000.

Freud, Sigmund. *Beyond the Pleasure Principle*. London: Penguin, 2003

_____. "The Future of an Illusion," in *Civilization, Society, and Religions*. London: Penguin, 1991.

Heidegger, Martin. *Being and Time*. San Francisco: Harper, 1962.

Husserl, Edmund. *The Essential Husserl*. Bloomington: Indiana University Press, 1999.

Immotality Institute. *The Scientific Conquest of Death*. Buenos Aires: Libros en Red, 2004.

James, William. "The Varieties of Religious Experience" and "Pragmatism," in *William James: Writings, 1902-1910*. New York: Library of America, 1988.

_____. "The Will to Believe," in *William James: Writings, 1878-1899*. New York: library of America, 1992.

Jung, C. G. "The Soul and Death," in Herman Feifel, ed., *The Meaning of Death.:* McGraw-Hill, 1959.

Kierkegaard, Soren. *The Concept of Anxiety*. Princeton, NJ: Princeton University Press, 1981.

_____. *The Sickness unto Death*. London: Penguin, 1989.

Moody, Raymond. *Life After Life*. San Francisco: HarperOne, 2001.

Nietzsche, Friedrich. *The Gay Science*. New York: Vintage, 1974.

Plato. "Meno," in *Protagoras and Meno*. London: Penguin, 2006.

____. "Phaedo," in *The Last Days of Socrates*. London: Penguin, 2006.

____. *The Republic*. London: Penguin, 2007.

Rank, Otto. *Beyond Psychology*. Mineola, NY: Dover, 1958.

Ryle, Gilbert. *The Concept of Mind*. London: Penguin, 2000.

Sartre, Jean-Paul. *Being and Nothingness*. London: Routledge, 2003.

Schopenhauer, Arthur. *The World as Will and Idea*. Whitefish, MT: Kessinger, 2007.

Seneca. "Epistulae morales," 70th epistle, in *Letters from a Stoic*. New

York: Penguin Classics, 1969.

Taylor, Jill Bolte. *My Stroke of Insight.* New York: Viking, 2008.

Tillich, Paul. "The Eternal Now," in *The Eternal Now.* New York: Scribner's, 1963.

Wrathall, Mark. *How to Read Heidegger.* New York: Norton, 2005.

Zimmer, Heinrich. *Philosopies of India.* Princeton, NJ: Princeton University Press, 1989.

모든 생명체는 잉태된 순간부터 죽음을 동반해야 하는 운명을 짊어지는 것이기에 생명의 탄생은 죽음의 시작이기도 하다. 그리고 인간은 자신이 죽을 운명이라는 것을 자각할 줄 아는 유일한 피조물이다.

이 거대한 아이러니와 대면한 두 저자는, 질문을 던진다. 우리가 죽으리라는 것을 "정말로" 알고 있느냐고. 이 질문에서 시작해 죽음은 우리에게 어떤 것이고 과연 죽음은 그대로 끝인가, 죽음 뒤에, 그 다음에 오는 삶이란 게 있을까, 있다면 그 삶은 어떤 모습일까, 그렇게 살 수 있는 영원이 있을까, 그리고 영원은 무엇인가로 질문을 확장해 가며 죽음에 대한 두려움, 불안에 기저한 인간의 다양한 면모를 훑어 본다.

죽음이라는 것이 우리와 떼려야 뗄 수 없는 것이라면, 우리 주위의 도처에서 항상 어른거리고 있는 것이라면, 그래서 그걸 떨쳐 내려고 안간힘을 쓰는 것 또한 우리의 모습이라면, 좀 더 친근하고 익숙한 우리 일상의 농담이라는 프리즘을 통해 보면 어떨까? 촌철살인의 농담 속 아이러니, 때론 어리석기 짝이 없는 우리들 갑남을녀의 자화상, 때론 갈피 잃은 애처로운 존재. 이 모든 모습들이 언중유골, 농담 속에 드러난다. 죽음을 중심으로 그 전편인 삶과 그 후편인 사후에 대해, 이렇게 농담을 동원해 가며 이야기하는 이 책은 일반인들의 접근을 주저하게 하는 현학적인 철학에게 조금 쉽게 말해 달라고 하는 듯이 동서고금을 망라하며 수많은 사유의 예들이 등장할 뿐만 아니라, 이 책의 특질이라고 볼 수 있는 다양한 우스개들과 삽화들이 그 무거운 주제에 아주 가볍게 한 방을 날린다.

　저자들은 우선 인간의 삶과 죽음에 대해 명철함을 무기로 다양한 이론들을 펼쳤던 사유의 전문가들인 철학자들을 시작으로 종교, 예술, 심리학, 과학, 테크놀로지 등 다양한 방면에서 이러한 물음들에 대한 설명을 되짚어 본다.

　죽을 운명을 지고 태어난 우리들이 그 죽음이라는 것을 의식하게 되면 그때부터 우리의 불안은 꿈틀거리며 우리의 그림자가 된다. 죽음을 똑바로 쳐다볼 수도 없고, 그렇다고 또 눈을 다른 데로 돌려 버릴 수도 없는 이 진퇴양난. 죽음을 인식하게 된 인간의 그 당혹감과 두려움으로, 여기 지금의 삶이 멍들어 가고 있어야만 하는 건가? 대체 이를 어찌해야 하나?

　키르케고르는 죽음에 대한 유일한 대응은 그걸 견뎌내는 것이라고 말한다. 하이데거는 죽음에 대한 불안이 없다면 우리는 반쯤만 살아 있는 상태, 즉 일상에 매몰되고 말 것이라고 말한다. 그리고 사르트르는 죽음의 불안에 대한 대안을 고려해 보라고 말한다. 자유의 가능성을 무기 삼아 '자기 창조적'이 되어 보라고. 그리고 쇼펜하우어는 죽음은 우리의 무관심사가 되어야 한다고 말한다. 카뮈는 진정 중요한 오직 하나의 철학적 문제는 자살이라고 말한다. 현대 철학자 마허는 자살이란 우리가 신에게, "당신이 날 내쫓을 수는 없어. 내가 떠나"라고 외치는 우리 나름의 방식이라고 말한다.

성 아우구스투스나 토마스 아퀴나스는 자살이 계명이나 자연법에 모두 어긋나는 것이라며 반대한다. 문화인류학자인 베커는 우리가 우리의 죽을 운명을 객관적으로는 알고 있지만 이 엄청난 진실을 회피하기 위해 온갖 획책을 다하고 있다고 말한다. 예로, 죽음에 무력한 우리는 하늘에 계신 아버지를 창안해 그에게 의지하고자 한다. 신을 통해 그 두려운 죽음을 넘어 보려고 매진했던, 역사에서 암흑기라고 불리는 중세를 거치면서 신에 대한 믿음과 더불어 지옥들이 해방되어 나와 우리의 불안한 영혼을 더욱 옥죈다. 속죄와 구원의 메시지는 더욱 기세를 떨친다.

이즈음에 천국에 대한 이미지들이 비집고 나온다. 주로 회화에서 쉽게 볼 수 있는 천국은 구름과 파스텔풍 이미지, 푸르른 초원, 천동과 날개 달린 천사들로 가득하다. 그리고 시간이 지나 할리우드판 천국의 영상이 테크놀로지의 힘을 얻어 계속 그 이미지를 이어나가며, 현대의 일반 대중들에게 천국의 모습을 확대 재생산시킨다. 적지 않은 사람들이 자신의 천국

행을 믿는다고 조사에 답하기도 한다. 신을 믿으니, 기도를 했으니, 신은 자비로우시니……

그리고 죽음을 부정하는 우리의 불멸 시스템이 가동하게 된다. 인간은 자신의 모든 능력을 동원해 그 불안으로부터 자유로워지고 싶어 한다. 인간이 시공의 역사 속에서 일구어 놓은 종교, 철학, 문학, 예술, 대중문화, 의학, 그리고 최첨단의 과학 기술에 이르기까지 인류의 영특한 재주 덕에 가능한 것 같아 보이는 불멸을 향한 그 여러 전략들을 통해.

예술 작품을 통해 혹은 부를 활용해 후세에 이름을 남기기, 자손에게 DNA를 물려 영원히 존속하기, 자신을 복제해두기, 냉동 보관해두기, 사이버 상에서 영생하기 등등. 인류 역사의 전개와 더불어 발전하는 갖가지 과학, 기술 문명에 의한 새로운 가능성들이 속속 대두되며, 불멸의 성취가 다가오는 듯하다. 그러나 이 모든 불멸의 전략에도 불구하고, 우리는 의구심을 떨쳐 버릴 수가 없다. 정말 '나'는 살아남는 것인가? 그리고 우리는 안다. 우리 각자의 자아는 결코 복제되거나 죽은 뒤에 남을 수가 없는 유일무이의 존재라는 것을. 나의 경험들을 서로 연결하고 그것들에 일관성과 의미를 부여하는 것으로서의 '나'라는 자아. 그 어느 복제품과도 결코 같을 수 없는, 특질을 가진 자아.

여기에서 우리는 다시 삶으로 돌아오며, 영원이라는 개념에 수반되는 시간에 눈을 돌리게 된다. 과연 영원이란 현재의 항구적인 지속일까? 아니면 이 지상의 시간과는 다른 그 어느 차원인가?

이에도 수많은 전문가들의 인용이 동원된다. 고대 그리스의 철학자 제

논의 역설, 거북이와 토끼의 우화에서부터, 현대의 박식가인 맨프리드 클라인스가 말한 매 초에 더 많은 순간들을 갖도록 우리의 '시간 의식'에 속도를 붙여 여러 인생을 사는 예까지. 그러나 클라인스는 바로 우리가 산 시간의 상대성에 대한 질문을 하는 것이다. 어느 사람의 일 분은 다른 사람에게 있어서는 한 달이 되기도 하는 그런 상대성. 그러므로 과연 누가, 혹은 어느 것이 더 풍요로운 삶이 될까라는 질문이다.

저자들은 아마도 이렇게 말하고 싶었던 게 아닐까. 즉, 고금을 통한 그 수많은 사유와 통찰 그리고 인류의 수많은 신념 체계에도 불구하고, 결국은 각자 자기 앞의 삶을 자기 것으로 채우며, 죽음에 대한 불안을 넘어 자기를 이루어 나가는 것이 우리가 걸어가야 하는 길이라고. 이는 맨 마지막 장에, 여태껏 저자들의 얘기를 들어 온 아랫 동네의 장의사 프럼킨이라는 친구가 윌리엄 제임스를 인용하며, 우리에게 최선으로 보이는 철학을 택하면 된다고 말한 것과 같다. 다른 철학자들은 이름조차 제대로 발음할 수 없을 정도로, 주눅이 들 정도로 현학적이어서 접근조차 어렵지만 그들이 그 거대 담론의 답에 이르는 것도 결국은 우리들 장삼이사들과 별반 다른 게 없노라고. 따라서 천국의 진주 문에 다다른 하이데거와 하마 중에 성 베드로의 입장 허가를 먼저 얻게 되는 것은 오히려 하마라고.

마뜩찮은 현학적 철학자들의 인용문과 시니컬한 농담과 더불어, 아니 그럼에도 불구하고 이 책의 저자들은 삶을 따스하게 그러안는 인간적인 시선을 결코 저버리지 않는다. 바로 이 책 말미의 감사의 말에서, 두 저자 중 한 사람은 자신에게 영원히 잊혀지지 않을, 임종의 순간에 장인이 남긴 "삶을 살아온 것은 특전이었네"라는 말을 전한다.

이 책을 번역 출간해 내는 데 항상 친절하게 임해 준 출판사 관계자에게 고맙다는 말을 전하면서, 아주 다양하고 또 첨단적인 분야에까지 섭렵한 저자들의 의도에 맞는 번역을 하려고 나름으로 노력은 했으나 미진한 부분이 있을 테고, 이는 온전히 역자의 역량 문제라고 본다. 독자들의 넉넉한 이해와 조언을 기대한다.

개인적으로는, 번역이 다 끝난 무렵 한 친구의 죽음을 맞았다. 암이라는 병마와 몇 년간 싸우다가 그만 삶을 놓게 된 친구였다. 죽어서도 뭔가에 구속되는 게 싫다는 본인의 뜻에 따라 화장을 했고, 한 줌의 재로 작은 항아리에 들어가 버린 그 친구는, 어느 숲 속의 양지 바른 한 그루 나무 밑에 새로운 거처를 마련했다. 우리는 가끔씩 이렇게 죽음의 현존성을 가까이에서 실감하게 된다. 한동안 우리는 그 친구에게 제법 큰 자리를 주며 기억하겠지만, 아마도 머지 않아 시간이 야금야금 우리의 기억을 갉아대기 시작할 것이다. 메멘토 모리가 부재하는 시간이 도래하고 말 것이다. 그렇게 우리라는 존재들은 시간의 방해를 막기에 역부족이다. 바로 살아남은 자들의 살아 있는 동안의 자연스런 모습이라고 이해하길. 왜냐면 우리도 이제나저제나 친구가 간 곳으로 떠날 테니. 그러니 친구여, 너무 섭섭해 하지 말길. 그래도 먼저 떠난 친구의 생각에 가슴이 먹먹해지는 것은 어쩔 수 없다.

2010년 봄
천마산 자락에서

시끌벅적한 철학자들 죽음을 요리하다
Heidegger and a Hippo Walk Through those Pearly Gates

초판 1쇄 발행 2010년 8월 9일
초판 2쇄 발행 2012년 5월 30일

지은이 토머스 캐스카트 · 대니얼 클라인
옮긴이 윤인숙
펴낸이 양소연

기획편집 함소연 진숙현 **디자인** 하주연 강미영
마케팅 이광택 **관리** 유승호 김성은 **웹서비스** 이지은 양지현

펴낸곳 함께읽는책 **등록번호** 제25100-2001-000043호 **등록일자** 2001년 11월 14일

주소 서울시 금천구 가산동 60-3 대륭포스트타워 5차 1104호
전화 02)2103-2480 **팩스** 02)2624-4240 **홈페이지** www.cobook.co.kr
ISBN 978-89-90369-84-0 (04100)
     978-89-90369-74-1 (set)

함께읽는책은 도서출판 나눔의집의 임프린트입니다.